JN125758

キャリアデザイン・就活のプロによる

Chat GPT 徹底活用法

就活生・
就職担当者必携 **AIアシスト・キャリアデザイン**

大間 哲●著

・本書の内容についてのご意見、ご質問は、お名前、ご連絡先を明記のうえ、小社出版部宛文書（郵送またはE-mail）でお送りください。
・電話によるお問い合わせはお受けできません。
・本書の解説範囲を越える内容のご質問や、本書の内容と無関係なご質問にはお答えできません。
・匿名のフリーメールアドレスからのお問い合わせには返信しかねます。

本書で取り上げられているシステム名／製品名は、一般に開発各社の登録商標／商品名です。本書では、™および®マークは明記していません。本書に掲載されている団体／商品に対して、その商標権を侵害する意図は一切ありません。本書で紹介しているURLや各サイトの内容は変更される場合があります。

はじめに

　本年（2023年）初春から、突如として話題になったChatGPT等の生成AI。生成AIとは、あらかじめプログラムで既定された回答ではなく、こちらの入力に対して、それに最も適した文（や画像等）を作り上げて、回答（出力）する能力のあるAIのことです。テキスト生成AIであるChatGPTの場合、入力した文に適した応答を生成しますが、そのために事前学習させた語数は数兆〜百兆と言われます。そして、そこからの回答の種類は無限にありえます。本書では、そのChatGPTなど生成AIの能力を生かして、キャリアデザインを手伝わせる（アシストさせる）にはどのようにしたらよいかを具体的に示します。生成AIというと、「生徒や学生から考える力を奪う」などと悪者扱いする意見も聞かれます。たしかに、学校のレポート課題や読書感想文をAIに書かせるような使い方をしたらそうなるかもしれません。しかし、ここではそんな使い方はしません。こちらの思考を深め、言語化を助けるように、ChatGPTから逆に質問をさせるのです。

　まず、これを見てください。ChatGPTにAIキャリアカウンセラーになってもらい、ChatGPT側から「質問をさせ」て、対話をした例です。

● **ChatGPT:** ●

こんにちは！わたしはあなたをサポートするAIキャリアカウンセラーです。あなたが楽しく自分の長所を見つけられるようお手伝いをさせてください。

さて、まず最初の質問です。大学の一年生として、あなたがこれまでに得意だと感じたり、楽しみながら取り組んできたことはありますか？例えば、特定の科目や活動、趣味、スポーツなどです。

User:

歌うことが好きです。高校で合唱部でした。

ChatGPT:

素晴らしいです!合唱部での経験から、歌うことが得意な可能性がありますね。合唱部での活動やパフォーマンスについて、もう少し教えていただけますか?どのような役割を担っていたのか、どのような曲を歌ったり、どのような瞬間が特に印象的でしたか?

User:

普通の部員でした。曲は、中学で習うような日本の合唱曲が多かったと思います。

ChatGPT:

合唱部の部員として、一緒に歌うことを楽しんでいたんですね。中学で習うような日本の合唱曲は、美しいメロディーや和やかな雰囲気がありますね。

合唱部に所属していた経験から、他の部員との協力やチームワークが必要だったことも想像されます。あなたが合唱部で共有した協力やチームワークの経験について、もう少し詳しく教えていただけますか?どのように他のメンバーと協力し合い、一緒に素晴らしい歌声を作り上げたのでしょうか?

User:

あまりチームワークは意識しませんでした。ただ、ハーモニーを聞くということは大切にしていました。

● ChatGPT：●

ハーモニーを聞くことを大切にしていたのですね。それは素晴らしいです！ハーモニーは合唱曲において重要な要素であり、メンバーがお互いの声を聴きながら調和を生み出すことが求められます。

あなたがハーモニーに注目していたということから、音楽の感性や耳の良さがあるのかもしれません。他のメンバーと協力する際に、ハーモニーを作り上げるためにどのように努力したり、自分の役割を果たしていたのか教えていただけますか？例えば、他のメンバーの声を聴いたり、バランスを調整するための努力をしたりしたことはありましたか？

<後略>

実際の画面の様子

どうでしょうか？　まるで、普通のキャリア相談員との会話のようではないでしょうか？　このように生成AIを使えば、考える力を奪うどころか、

むしろ思考を深め、考える力をつけるのに役立つことがわかるでしょう。

　この会話は、実は、ChatGPT に AI キャリアカウンセラーとして、大学 1 年生（という設定）の相談者の長所探しをしてもらった時のものです。キャリアデザインにおいて重要な作業は、就活生や転職希望者といった求職者が頭に思い描いている、漠然とした個々のキャリア目標や夢、あるいは自身の長所や強みや経験といったことを言語化し、整理するということにあります。ChatGPT などのテキスト生成 AI は特に自然言語処理能力に長けていますから、この言語化という作業の支援に非常に親和性が高いのです。

生成 AI の「上手い」使いかたとは

　もし、あなたが就職活動をする人や転職を考えている人（以下、就活者と書きます）ならば、上記のような対話を ChatGPT と行うことで、自身でいつでも自身の希望や適性を整理する補助をさせることができます。具体的な方法は本書の 3 章〜 4 章に書いてある方法を用いると良いでしょう。

　もしあなたがキャリア・コンサルタントやカウンセラー、あるいは、会社や学校のキャリア相談員や進路指導の教員といった支援者（以下、キャリア支援者と書きます）であるならば、クライエント（就活者）に端末に向かってもらい、上記のような対話をしてもらって、基礎的な就活者の情報収集や、来談者が希望する就職先の業界対策などを効率よく行うことができます。それによって、就活者により寄り添った深い支援をすることが可能になるかもしれません。併せて、AI に補助させることで、今まで自分がもっていなかったキャリアデザインのアイデアや広い業界知識を列挙させることも可能です。その具体的な方法は、本書の 3 章〜 6 章に掲載してあります。

　前述の AI キャリアカウンセラーとの対話例では、私は一切プログラミングをしていません。ChatGPT に適切な指示文を入力しただけです（具体的な指示文は後述します）。AI に向けたこのような指示文のことを「プロンプ

ト」と言います。このプロンプトをどう上手く書くかが、ChatGPT 等の生成
AI を上手く使えるかどうかの分かれ目になります。ChatGPT をちょっと使っ
てみて「ChatGPT は使えない」とか「ChatGPT に訊いてみたけど微妙だっ
た」などと言っている人の多くは、プロンプトにネットの検索ワードを入れ
てみて、思った通りの答えでなくてがっかりしてそのように言っているよう
です。冒頭で、「ChatGPT に質問を<u>させて</u>対話をした」と書きましたが、こ
こで重要なことは、ChatGPT に「質問を<u>した</u>」のではなく、質問を「させて」
ChatGPT と「対話をした」ということです。

　ChatGPT 等のテキスト生成 AI の得意技は、知識を回答することではなく
て、私達と「対話」をすることです。ChatGPT に「○○駅前のランチの美味
しいお店を教えて」などと聞いても答えは微妙か、または「最新情報は知ら
ない」などと言われるのが関の山です（2023 年 8 月現在)。

User:

東陽町駅の最新の昼食のグルメ情報を教えてください。

ChatGPT:

申し訳ありませんが、私の訓練データは 2021 年 9 月までのもので、その
後の具体的な情報は提供できません。このため、2023 年の東陽町駅周辺
の最新の昼食のグルメ情報を提供することはできません。

しかし、インターネットを使って最新のレストランレビューやブログ投稿
を調べることをお勧めします。食べログや Google マップのレビューなど
は特に有用です。また、地元の観光局のウェブサイトも情報を提供してい
るかもしれません。

また、東陽町駅周辺では、さまざまなタイプのレストランがあります。和
食、イタリアン、中華など多種多様なジャンルから選ぶことができます。

> ランチタイムには、お得なセットメニューやランチスペシャルを提供して
> いるレストランも多いでしょう。

　ランチのグルメ情報が知りたければ、ネット検索で「東陽町 ランチ」と
でも入力するか、グルメサイトでも見たほうがよほど簡単で、情報も正確
です。
　ChatGPTには「質問をする」のではなくて、「対話をさせる」、そのために、
望んだ対話を生成させるためのプロンプトを入力します。適切なプロンプト
を作って、AIに上手く指示を出せれば、冒頭の例のように働いてくれるの
です。

AI（機械）にキャリアを任せるのではなく、デザインを手伝わせる

　ところで、この本を手にとった方は、「キャリアデザイン」の大切さや主
な手法は、すでによくご存じかもしれません。そして本書のタイトルを見て
こう思われた方も多いのではないでしょうか。「キャリア（人生）をAI（機械）
なんかにデザインさせることなんてできるわけない」と。
　もし、あなたが、就職活動中の人だったら、「人生をAIなんかに決められ
たくない」と思うかもしれませんし、もしあなたが支援者で、キャリア・コ
ンサルタントやカウンセラー、あるいは、会社や学校のキャリア相談員や進
路指導の教員であるならば、なおのこと「キャリア支援に大切なのは、個々
との対話だ。AIなんかに任せられない」と思うでしょう。まさにその通り！
私も100%同意です。

　私はこの本で、キャリアデザインを AI に任せようと言っているのではありません。あくまで AI の得意分野に関して、それを上手に使ってアシストをさせようということなのです。ですから、私はこの考え方を「AaCD（AI アシスト キャリアデザイン＝ AI assisted Career Design）」と名付けました。「AI キャリアデザイン」ではないのです。

　「AI は知能が無いのだから、使えない」とか「対面業務は人間がすることだから、AI に任せられない」というような方にこそ、「任せるのではなく、AI にアシストをさせるキャリアデザイン」の実践を体験してほしいと思っています。

　皆さんは、就活をしたり、就活の支援をしたりする際に、ネット検索機能を必ず使うと思います。それだって、「機械を使った就職活動」でしょう。その意味では、すでに皆さんは「機械にキャリアデザインを手伝わせている」のです。そして、これから近い将来には、検索を使うのと同じ感覚で AI を使う時代になってきます。逆に言うなら、AI を適切に使えない人というのは、数年の内には、今現在「ネット検索って、よくわからなくて使えないんです」というような人と同じことになってしまうでしょう。

　すでに、マイクロソフトも Google も検索機能に AI を組み込んできています。

Microsoft Bingの検索の例

　このように、今後は意識をしなくても AI を使う世界になります。そして、ありとあらゆる職業分野に AI が入って来ます。今、ネットを上手に使いこなして、仕事の効率を上げているのと同じように、今後は、AI を使うことで、キャリアデザインを上手に効率よく行えるようにならなければならない世界になるのです。

　あくまで、キャリアデザインを行うのは、就職活動をする人（就活者）であり、それを支援するのは、キャリア・コンサルタントやカウンセラー、あるいは、会社や学校のキャリア相談員や進路指導の教員といった支援者（キャリア支援者）である人間です。

　この本は、今、キャリアを考える全ての人に送ります。「もしかして、キャリアデザインをするのに、ChatGPT が使えるんじゃないか？」と考えた人も、そんなことを思ってもみなかった人も。自分自身のキャリアを考えている人

も、キャリア・コンサルタントやキャリアカウンセラー、キャリア相談員や企業の人事の方、各学校の進路指導の先生、あらゆるキャリア支援者にも、ChatGPT（GPT-4 版をベース）に AI を用いたキャリアデザインの考え方をお教えします。

　ChatGPT はすぐに陳腐化して、新たな生成 AI が取って代わるかもしれません。が、キャリアデザインに AI を使うという基本的な考え方は当分は変わらないでしょう。それは、検索エンジンで言えば Lycos が出て Yahoo が、そして Google や Bing と出て来ても基本的な考え方が変わらないのと同じことです。ChatGPT を始めとするテキスト生成 AI は、今年の年初から知られ始め、あっという間に世間を席捲しています。この便利なツールを、一日でも早く使い始めて、他の就活者やキャリア支援者より一歩進んだキャリアデザインを行ってください。

本書の構成

　本書では、まず第 1 章で、ChatGPT とはどのようなものなのかを紹介した後、第 2 章で生成 AI と ChatGPT の概要について述べます。その後、第 3 章では、ChatGPT を用いたキャリアデザインの場面での利用可能性について、第 4 章では、キャリアデザインの各プロセスで使える実際の具体的なプロンプトとその出力例を記述します。最後に、第 5 章では、今の段階で予想ができる、AI を用いたキャリアデザインの未来について提示します。第 6 章以後は付録的に、生成 AI を使った AaCD を行う上での留意事項や、実際のプロンプト集を集めてあります。

　もし、この本を使って ChatGPT を使ったキャリアデザインの方法をすぐに学びたいのであれば、第 3 章から読み始めていただいてもかまいません。本書が皆様のキャリアデザインの効率化、深化に少しでも役立てば幸いです。

目 次

1

ChatGPT とは何か

生成 AI はネット検索とは違う

　今話題の ChatGPT とはどんなものなのでしょうか。詳細は第 2 章で説明
をしますが、簡単に言うと、OpenAI という会社が作った、テキストベース
で「対話」をしてくれる AI です。こちらが入力した文を、自然な言語とし
て解釈して、その文に対して（決められた回答をするのではなく）最も相応
しい言葉を返してきます。

　今までもそのような仕組みはありました。しかし、ChatGPT がすごいのは、
数兆～百兆語ともいわれる、けた違いに膨大な言葉（パラメータ）を事前に
学習しているために、「最も相応しい言葉」を、まるで生きた会話であるか
のように「生成」してくれることなのです。そのため、ChatGPT のような AI
の仕組みを「テキスト生成 AI」と言います。

　2023 年 8 月現在、ChatGPT の中枢は 2 つあって、無料で使える GPT3.5
というものと、月額 20 米ドル払うと使える GPT4.0 があります。本書では、
GPT4.0 をベースに書きますが、本書で提示しているプロンプトのほとんど
は、GPT3.5 でもある程度実行可能です。

　さて、生成 AI を使う上で、最も大切なことは、「何をどう頼むか」です。
ここで、おそらく IT を使い慣れている人ほど「何を検索するか」とか「何
を入力するか」と考えがちだと思いますが、そうではなく「頼む」のだと思っ
てください。「はじめに」でも書きましたが、AI に「手伝わせる」のですから、
「上手な頼み方」を覚える必要があります。

　よく「ネット検索は『辞書』、AI は『秘書』」と言います。AI と検索の大
きな違いは、自然言語理解です。Google 等のネット検索では、私達が適当な
検索ワードを考えて入力する必要がありますが、ChatGPT のような文章生成
AI では、「○○について考えたいのですが」などと自然言語で語りかけるこ
とができます。というよりも、「○○について教えて」などというより、「○
○について考えたいのですが、あなたの役割は△△として答えてください」
というように自然言語で語りかけ、相手の役割まで詳しく決めてあげたほう
が、より望んだ回答に近いものを得ることができます。

ネット検索とテキスト生成AIの違い

	（従来の）ネット検索（例：Google 等）※最近はネット検索に AI の機能を付加したものも出来てきている。	テキスト生成 AI（例：ChatGPT）
得意なこと	（辞書を引くように）事実を調べる	条件を与えて調べてもらう 調べ方を教えてもらう ユーザーに向かって問いかけてもらう 纏めてもらう
適している利用方法	入力→出力	対話
実際の入力	検索ワード	何をしたいのかという希望・要求
思った結果が得られなかった時や、より発展した回答が欲しいとき	検索ワードを自分で変えてみて再検索する。	前の出力を踏まえて「そうではなく」とか「そこをさらに詳しく」というように『対話』をする。あるいは、「△△の立場で答えてください」などと、文の書き手を規定する。
不得意なこと	文章を出力させる。	最近の事（データを「学習」した以後のこと）の情報の提供／特定の地域の詳細な情報の提供 ※プラグインを使わない場合
問題点	検索ワードで出て来る Web にある情報しか出力できない。	事実ではないことを言う。

ChatGPT の得意なこと、不得意なこと

実際に ChatGPT の得意なことや不得意なことの実例を見てみましょう。

例えば、普通にネット検索でエゴサーチ（自分の名前で検索をしてみること）をしてみると、一般には少しでも自分の Blog や自分の名前の出ているネット情報があれば、検索結果として出てきます。ところが ChatGPT でエゴサーチをしてみると、よほど有名人でない限り、一般人であれば、「知らない」と言われるか、嘘を書かれることが多いでしょう。以下は、私が「大間哲について教えて」と言った結果です。この例では、「知らない」と言われています。ちなみに、少し前までは、「知らない」と言わずに、大嘘をついていました（後でその例もお見せします）。

> **User:**
> キャリアデザイン学部教員の大間哲氏の最近の業績について教えて

> ● **ChatGPT:** ●
> 申し訳ありませんが、私の知識は 2021 年 9 月までの情報しか持っていませんので、最新の情報を提供することはできません。また、個々の教員の最近の業績に関する情報は一般的には公開されておらず、学部のウェブサイトや学術論文などの公式の情報源を確認することをおすすめします。そちらで最新の業績について詳細をご確認ください。

このように、生成 AI ネット検索と同じように使うのは、ある意味最もダメな使い方です。

キャリアデザインをするためのネット利用で真っ先に思いつくのは、○○社の最新の採用情報が知りたいといったことかもしれません。しかし、それは、ChatGPT にとっては不得意なことなのです。

　以下は、私がかつて新卒で勤めた日本アイ・ビー・エム株式会社の採用情報を訊いてみたものです。このように、採用情報について教えてもらおうとしても、教えてはくれません。（ChatGPT 無料版の場合。有料版でプラグインを使った例は第 4 章の「AaCD の実施プロセス例」節、[3] の（3）に記述してあります。）

User:
日本 IBM の最新の採用情報について教えて

ChatGPT:
申し訳ございませんが、私の情報は 2021 年 9 月までのものであり、現在の日本 IBM の最新の採用情報を提供することはできません。採用情報は常に変化しており、会社のウェブサイトや採用担当者に直接お問い合わせいただくことをおすすめします。

　では、ChatGPT をどのように使うのが良いのでしょうか。既に述べたように、あなたと「対話をする相手」だと思って考えてみてください。あなたがキャリア支援者であるならば、例えばあなたの部下やチームメイトです。そのような人には何をしてもらうでしょうか。キャリア相談会のイベントの内容のアイデア出しや進行表を考えてもらうのもいいでしょう。多くのクライエント（来談者＝就活者）や生徒・社員等の相手をする必要があるのであれば、チームメイトに就活者が自己理解をするための質問例を共同で作ってもらうこともできるでしょう。しかも、従来のプログラムではあらかじめ用意した質問から選択することしかできなかったでしょうが、生成 AI なら個々のクライエントの回答にしたがって、質問を変えていくことが可能です。さらに、クライエントの希望や適性を入力にした模擬面接や応募書類作成の補助をさせることもできます。
　一方、あなたが就活者自身なら、忙しくてエージェントに行ったり支援者

に会ったりする時間もなかなか取れないかもしれません。そんな時、就活支援者に実際に会う前に、自分自身で ChatGPT を AI キャリアカウンセラーにして、自己理解を深めたり、応募書類のひな型を作らせたり、面接練習をしたりすることもできます。この本では、AaCD の具体的なプロセス例と、個々にそういったことをさせるプロンプト例、さらに、その出力の事例を見ていきます。

ChatGPT の始め方

ChatGPT を使うにあたり、ChatGPT の始め方を紹介しておきます。ChatGPT は、パソコンかスマホがあって、Web が使えれば、誰でも無料で使い始めることができます。始める方法は、ネット検索をすれば山ほど出て来るので、既にご覧になった方も多いでしょうが、念のため簡単に書いておきます。とりあえず、細かい説明は面倒だという方のために、まずは、3 ステップで。

1) ChatGPT と検索をして openai.com のページ（通常は公式 Blog）を開く。
2) 公式 Blog のページからなら「Try ChatGPT」を選ぶ。
3) そこから「Sign up」を選ぶ。（登録には、携帯電話が必要です）。
以上！

さすがに、この説明だけでは心もとないという方のために少し順を追って書いておきます。が、こういう Web サービスは日々更新されるので、あくまで 2023 年 8 月段階の画面だということはおことわりしておきます。

OpenAIの公式Blogの画面

　通常「ChatGPT」と検索をするとこの画面が出てきます。ここで、左下の「Try ChatGPT」をクリックすると次の画面に進みます。

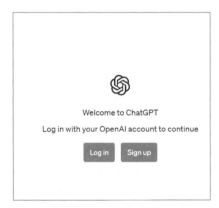

ChatGPTの入口の画面

ChatGPT初期画面

　検索のしかたによっては、公式 Blog ではなくて、こちらの初期画面が出ることもあります。

　ここで、初めての場合は Sign up を選び、すでにアカウントがある場合は Log in を選びます。

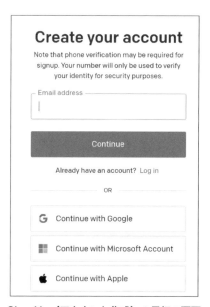

Sign Up（アカウント作成）の最初の画面

電子メールアドレスを入力するか、他のサービスのアカウントを使って作成します。設定したいパスワードも尋ねられます。

入力したアドレスに確認メールを送ったというメッセージ

確認メールの内容

OpenAI から自分のアドレスにメールが送られてきますので、「Verify email address」をクリックします。

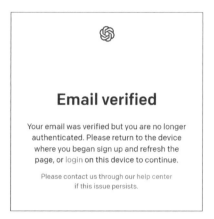

メールアドレス確認完了のメッセージ

その後、元の画面にもどって、Log in します。

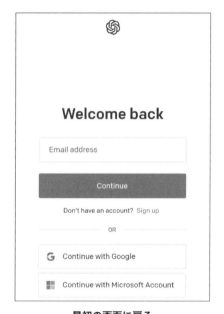

最初の画面に戻る

ユーザー情報登録画面に進みます。

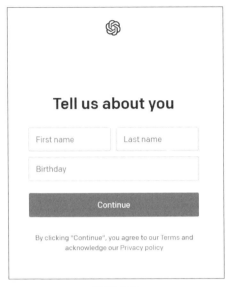

登録画面1

First name には名前を、Last name には苗字を入れます。Birthday には、誕生日を西暦で年 / 月 / 日で入れます。

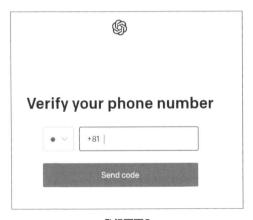

登録画面2

　携帯の電話番号を入力します。+81 は日本の国を表す番号なので、その後から携帯の電話番号を入れていきます。通常国番号の後に付ける場合は、頭の 0 を入力せず、090-xxxx-xxxx であれば、90-xxxx-xxxx と入れるのですが、現在の仕様では、0 を入力しても大丈夫なようです。

　携帯のショートメッセージに確認番号が飛んでくるので、その確認番号を入力することで、登録が完了します。

登録完了後のChatGPTの画面イメージ

　登録が完了すると、画面の下欄に「Send Message」という欄が現れるので、そこにメッセージ（プロンプト）を書くと、Chat（会話）が実行されます。

　以上が ChatGPT の始め方です。

　ここまで来たら、早速、プロンプトに何か書いてみましょう。といっても、くれぐれも、「○○について教えて」などと、検索みたいなことはしないように。あくまで、「テキスト生成 AI」なのですから、文章を生成させてみましょう。

　もし、最初にプロンプトに何を書いていいかわからなかったら、以下のように入れてみてはいかがでしょうか。

> **User:**
> 歴史上の人物である、織田信長と豊臣秀吉と徳川家康が、現代によみがえっ
> たとしたら、どのような会話をするか、そのシナリオを書いてください。
> その際、現代技術のどんなことに驚き、現代文明の何に喜び、何を忌避する
> と思うかを、織田信長と豊臣秀吉と徳川家康の歴史上の言動や、伝えられて
> いる性格などから推論してください。
> それぞれの口調は、一般に伝えられている彼らの性格を反映したものにしてく
> ださい。

さあ、どんな出力を得られましたか？

画面左側のChat履歴と、その上の「NewChat」の部分

　もし、すでに何かを書いてみて、また新しく別の会話を始めたいと思った
ら、画面左上の「New Chat」というところをクリックすれば、新たな会話を
始められます。以前の会話に戻りたければ、画面左側（スマホの場合は、右
上のメニューから History を選ぶ）の過去の会話リストから選ぶと、その会
話を続けることができます。（ただし、会話の記録を残さない設定にした場
合は戻れません）。
　ChatGPT では、一連の会話は、その前の文に「適切に続くもの」を生成
しますから、適宜、会話を変えることが大切です。例えば、あなたが就活者
で、自分の職業適性を調べている時と自分の長所探しをしている時では別の
会話にした方が良いでしょうし、もし、キャリア支援者で複数の就活者の対

話をしているのであれば、対象者毎に会話は変えるべきでしょう。（会話の
タイトルは、鉛筆マークのアイコンをクリックすることで適宜編集できま
す）。

有料版への切り替え方と、プラグイン

　ChatGPT は、無料の GPT3.5 という AI でもそこそこ使えますが、有料版
（ChatGPT Plus）でだけ使える最新の GPT4.0 という AI に比べると、やはり
性能が劣ります。最も大きな違いは、GPT3.5 が英語と他の言語での能力に
大きな差があるのに比べて、GPT4.0 だと日本語での会話での的確な回答率
がはるかに上がっています。

　また、2023 年 8 月現在はまだ β テスト段階ですが、プラグインという追
加の機能がすでに数百も用意されています。このプラグインは有料版だけで
使える機能です。その中には、指定した URL を読み込む機能や、求人情報を
探してくれる機能もあります。これらのプラグインはこれからどんどん増え
ると思います。

　ですから、もし、無料版で GPT3.5 を使ってみて、これはもっと使えそう
だと思ったら、有料版を使ってみることも視野に入れてもよいかもしれませ
ん。有料版は、2023 年 8 月現在、月額 20 米ドルで使えます。私は 3000
円程度だったら支払う価値があると思っています。

　有料版にするには、PC 版であれば、左下にある自分のユーザー ID のとこ
ろの 3 点リーダ（…）から、My Plan を選んで、ChatGPT Plus を選ぶと、ク
レジットカード情報等を入力する画面になります。そこで、入力を終えれば
OK です。

　ここで、NewChat を選ぶと、GPT3.5 の他に GPT4 を選ぶことができる
ようになっているはずです。ただし、GPT4 の利用には回数制限があって、

2023 年 8 月現在 3 時間で 50 問までとなっています。また、GPT3.5 の方が動作が早いので、比較的どちらでも使える質問は 3.5 を使い、より精度の高い回答を求める場合やプラグインを使わなくてはならない場合は GPT4 を使うというように使い分けると良いでしょう。

　プラグインに関しては、GPT4 の方にマウスオーバーをすると現れるメニューの中で、Plugins にチェックを入れると、使えるようになります。そこから Plugin Store に行くと、すでに数百のプラグインがあります。中でも今私が最もよく使っているのは、WebPilot という、ウェブを読み込むことができるプラグインです。例えば、「Google の現在の日本でのトレンドワードは？」などと訊くと、読み込んで答えてくれます。また、URL を与えるとその内容を読み込むこともできるので、特定の企業の会社概要のページを読み込ませて、サマリーを作らせるといったことにも使えます。さらに、第 4 章で説明しますが、自分のキャリアの棚卸しや、長所や、職業適性といたものを ChatGPT に分析を手伝ってもらった後で、それらの会話を Web で表示することができますから、その URL を再度読み込ませて、自分の適職を探すといった時にもこの WebPilot を使うことができます。
また、Kyujinbox というプラグインは、求人情報をある程度探してくれます。ですので、有料版にしたら、このプラグインも入れておくと良いでしょう。

　WebPilot の使用例として、最新のロシア・ウクライナ情勢を読み込ませた上で、ウクライナのゼレンスキー大統領とロシアのプーチン大統領、トルコのエルドアン大統領の架空の首脳会談をさせてみました。ChatGPT は 2021 年 9 月より後のことは「知らない」はずですが、ちゃんとロシア・ウクライナの状況を理解した上で、模擬首脳会談をしています。発言内容は多分に理想的ではありますが、一つの ChatGPT の使い方の例としてお見せしましょう（これは、「模擬首脳会談」として社会科の教材などによいかもしれませんね）。

User:

ロシア・ウクライナ戦役の最新の状況を教えてください。

● **ChatGPT:** ●

Used **WebPilot**

最新の情報によると、ロシアとウクライナの間の緊張が高まっています。ウクライナの首都キエフ近くの地域で、ロシア軍とウクライナ軍の間に衝突が発生しました。この衝突により、両国間の緊張が一層高まっています。

ロシアは、ウクライナの領土を侵害したとの非難を否定しています。しかし、ウクライナ政府はロシアの行動を強く非難し、国際社会に対してロシアに対する圧力を強めるよう呼びかけています。

また、ウクライナの大統領は、国民に対して冷静さを保つよう呼びかけ、ロシアとの対話を通じて平和的な解決を模索する意向を示しています。

詳細な情報はこちらからご覧いただけます。

User:

では、これを元に、ロシア大統領プーチン氏と、ウクライナ大統領ゼレンスキー氏、並びに仲介役としてのトルコ大統領エルドアン氏が、会談をしたとしたらどのようになるでしょうか。 一般に知られている彼らの立場、性格や言動に即した会談のシナリオを書いてみてください。

● **ChatGPT:** ●

会談のシナリオは以下のようになるかもしれません。

―――――――――――――――――――――――――――――

会場はトルコの首都アンカラ。トルコ大統領のレジェップ・タイイップ・

エルドアンが仲介役として、ロシア大統領のウラジーミル・プーチンとウクライナ大統領のヴォロディミール・ゼレンスキーを迎える。

エルドアンは、トルコが地域の安定と平和のために積極的な役割を果たすことを強調し、会談の目的を明確にする。「私たちはここに、平和的な解決を見つけるために集まった。」と彼は言う。

プーチンは、ロシアがウクライナの領土を侵害したとの非難を再度否定する。彼は強硬な態度を崩さず、ロシアの立場を堅持する。「ロシアはウクライナの領土を尊重している。我々の行動は、我々の国民とその利益を守るためのものだ。」と彼は主張する。

一方、ゼレンスキーは、ウクライナの主権と領土の完全性を強調する。彼はコメディアン出身の大統領として、ユーモラスながらも熱心なスピーチで、ウクライナの立場を明確にする。「私たちは、我々の領土と国民を守るために、必要な全ての行動をとる。しかし、私たちは平和を求めている。」と彼は言う。

エルドアンは、双方の立場を尊重し、対話を通じて解決策を見つけることを提案する。「私たちは、互いの立場を理解し、共通の地盤を見つける必要がある。」と彼は言う。

会談は、双方の立場の再確認と、平和的な解決への共通の意志の確認で終わる。エルドアンは、「私たちは、平和と安定を求めて努力を続ける。」と結び、会談を閉じる。

このシナリオは、各大統領の公に知られている立場と性格に基づいています。しかし、実際の会談の内容や結果は、多くの要素によって変わる可能性があります。

User:
より、具体的にどのように話をするのかを中心として、口調等にも気を使った、戯曲のシナリオとして再構成してください。

ChatGPT:
もちろんです。以下に戯曲形式でのシナリオを作成しました。

場所： トルコ、アンカラ
登場人物：
    1.   トルコ大統領　レジェップ・タイイップ・エルドアン
    2.   ロシア大統領　ウラジーミル・プーチン
    3.   ウクライナ大統領　ヴォロディミール・ゼレンスキー

エルドアン（仲介役として）：「皆様、ここに集まっていただき感謝します。我々の目的は明確です。平和的な解決を見つけるためにここにいるのです。」

プーチン（強硬に）：「私は再度強調しますが、ロシアはウクライナの領土を侵害していません。我々の行動は、我々の国民とその利益を守るためのものです。」

ゼレンスキー（ユーモラスだが熱心に）：「私たちは、我々の領土と国民を守るために、必要な全ての行動をとる。しかし、私たちは平和を求めている。これはジョークではありません。」

エルドアン（調停者として）：「私たちは、互いの立場を理解し、共通の地盤を見つける必要がある。我々はここで対話を通じて解決策を見つけることができます。」

プーチン（冷静に）：「我々は我々の立場を明確にしました。我々は我々の国民を守るために行動します。」

ゼレンスキー（熱心に）：「そして我々もまた、我々の国民と領土を守ります。しかし、我々は平和を求めています。」

エルドアン（平和を求めて）：「私たちは、平和と安定を求めて努力を続ける。これが我々の目標です。」

エルドアン（調停者として）：「我々は、互いの立場を尊重し、対話を通じて解決策を見つけることができます。」

プーチン（冷静に）：「我々は我々の立場を明確にしました。我々は我々の国民を守るために行動します。」

ゼレンスキー（熱心に）：「そして我々もまた、我々の国民と領土を守ります。しかし、我々は平和を求めています。」

エルドアン（平和を求めて）：「私たちは、平和と安定を求めて努力を続ける。これが我々の目標です。」

プーチン（思索深く）：「我々もまた平和を求めています。しかし、我々の国民とその利益を守ることが最優先です。」

ゼレンスキー（語気を強めて）：「我々も同様です。しかし、それは侵略とは異なります。我々は自己防衛を行っているだけです。」

エルドアン（調停者として）：「我々はここで、互いの立場を理解し、共通の地盤を見つけることができます。対話こそが解決への道です。」

プーチン（考え込みながら）：「それは理解できます。しかし、我々の行動は自己防衛の一環です。」

ゼレンスキー（強く）：「それならば、我々も自己防衛を行っているだけです。」

エルドアン（調停者として）：「それでは、我々はここで一つの共通点を見つけたと言えます。我々全員が自己防衛を行っている。では、我々はどのようにしてこの状況を解決できるでしょうか？」

このシナリオは、各大統領の公に知られている立場と性格に基づいています。しかし、実際の会談の内容や結果は、多くの要素によって変わる可能性があります。

User:
続きを書いてください。

ChatGPT:
もちろんです。以下に戯曲形式でのシナリオの続きを作成しました。

プーチン（思索深く）：「我々は、互いの国民と領土を守るために行動している。それが共通の地盤だとすれば、我々はそれを尊重し、互いの行動を理解することから始めるべきだ。」

ゼレンスキー（熱心に）：「それに同意します。我々は互いの行動を理解し、尊重することが必要です。しかし、それは侵略行為を正当化するものではありません。」

エルドアン（調停者として）：「我々はここで、互いの行動を理解し、尊重することができます。そして、我々は侵略行為を正当化するものではないという共通の理解に基づいて行動するべきです。」

プーチン（考え込みながら）：「それは理解できます。我々の行動は自己防衛の一環であり、侵略行為ではありません。」

ゼレンスキー（強く）：「我々も同様です。我々の行動は自己防衛の一環であり、侵略行為ではありません。」

エルドアン（調停者として）：「それでは、我々はここで一つの共通点を見つけたと言えます。我々全員が自己防衛を行っているということ、そしてそれが侵略行為ではないということ。では、我々はどのようにしてこの状況を解決できるでしょうか？」

このシナリオは、各大統領の公に知られている立場と性格に基づいています。しかし、実際の会談の内容や結果は、多くの要素によって変わる可能性があります。

User：
続きを書いてください。なるべく内容が繰り返しにならないようにエルドアン氏に誘導してもらってください。

ChatGPT：
もちろんです。以下に戯曲形式でのシナリオの続きを作成しました。

エルドアン（調停者として）：「我々は自己防衛の重要性について一致し

ています。では、次に進みましょう。我々が平和を実現するために具体的に何をすべきかについて話し合いましょう。」

プーチン（思索深く）：「我々は、互いの行動を理解し、尊重することから始めるべきだと思います。そして、それぞれの国の安全保障について話し合うべきです。」

ゼレンスキー（熱心に）：「それに同意します。我々は互いの安全保障を尊重し、それを脅かす行動を避けるべきです。そして、我々は透明性を確保し、信頼を築くために努力するべきです。」

エルドアン（調停者として）：「それは素晴らしい提案です。互いの安全保障を尊重し、透明性を確保することで、信頼を築くことができます。では、この方向で具体的な行動計画を話し合いましょう。」

このシナリオは、各大統領の公に知られている立場と性格に基づいています。しかし、実際の会談の内容や結果は、多くの要素によって変わる可能性があります。

User：

続きを書いてください。どのような具体的な行動計画が出て来るのでしょうか。

● **ChatGPT：** ●

もちろんです。以下に戯曲形式でのシナリオの続きを作成しました。

プーチン（思索深く）：「我々は、互いの軍事活動について透明性を確保

することから始めるべきだと思います。例えば、定期的な軍事演習の情報を共有することで、互いの意図を理解し、誤解を避けることができます。」

ゼレンスキー（熱心に）：「それに加えて、我々は国境地帯での軍事活動を制限することも考えるべきです。これにより、互いの安全保障を尊重し、緊張を緩和することができます。」

エルドアン（調停者として）：「それらは素晴らしい提案です。透明性の確保と軍事活動の制限は、互いの信頼を築くための重要なステップです。さらに、これらの提案を具体化するための共同作業グループを設立することも考えてみてはどうでしょうか？」

プーチン（考え込みながら）：「共同作業グループの設立は、これらの提案を具体化するための良い方法だと思います。」

ゼレンスキー（同意して）：「私もその提案に賛成です。これにより、我々は具体的な行動計画を作成し、実行することができます。」

エルドアン（調停者として）：「それでは、我々は共同作業グループの設立に向けて進むことにしましょう。これにより、我々は互いの安全保障を尊重し、信頼を築くことができます。」

このシナリオは、各大統領の公に知られている立場と性格に基づいています。しかし、実際の会談の内容や結果は、多くの要素によって変わる可能性があります。

2

AI と ChatGPT の概要

AI とは何か

　キャリアデザインの話に入る前に、AI とは何かを少しお話しましょう。AI について「実用日本語表現辞典」には、以下のように出ています。

　　「AI」は、人間のような知能を持ったコンピュータのことで、医療や
　　ビジネス・子供向けのものなど、様々な分野で展開されている。自ら
　　学習することができるのが、「AI」の大きな特徴である。「AI」という
　　言葉は 1956 年に初めて使われた。アメリカにあるダートマス大学で
　　開催された会議で、科学者のジョン・マッカーシー教授が提案したの
　　が始まりだ。「AI」は「Artificial Intelligence」の略で、「人工的な知性・
　　知能」という意味だ。「AI」の対義語は「NI（Natuar Intelligence）」で、
　　動物や人間など自然が生み出した知能のことである。

　また、これを、ChatGPT そのものに聞いてみると、以下のように回答してくれました。

● **ChatGPT :** ●

AI、すなわち人工知能とは、人間の知能を模倣または再現しようとするコンピューターシステムやソフトウェアのことを指します。これには学習、推論、自己修正、認識、理解、そして言語能力などの特性が含まれます。

AI は大きく分けて二つのカテゴリーがあります。それは「弱い AI」（特定のタスクに特化した AI）と「強い AI」（全般的な知能を有する AI）です。たとえば、スマートフォンの音声アシスタントやチェスのゲーム AI は「弱い AI」に該当します。一方、「強い AI」はまだ理想の段階で、このタイプの AI は人間と同等かそれ以上の認知能力を持つとされています。

人工知能の進歩は機械学習（マシンラーニング）と深層学習（ディープラーニング）という二つの技術によって加速しました。これらの技術は大量のデータを使用して自己学習し、問題解決や意思決定を行います。例えば、あなたが今とても具体的な質問を私に投げかけているのに対し、私のような AI はその質問に答えるために訓練データを使用し、学習モデルを通じて解釈しています。

　つまり、AI とは、人間のような「知能」を模倣しようとしているが、まだ、完全に人間のように汎用的になんでもできる AI（「強い AI」）はできてはいない、と少なくとも ChatGPT は回答しているということです。

　「弱い AI」に関しては今日の社会で広く使われています。例えば、自動車の自動運転、医療の画像解析、オンラインショッピングのリコメンデーションシステム、SNS のフィードのパーソナライズなど、生活の様々な面で見ることができます。

　これら、すでに実現している「弱い AI」の中でも、ある分野に特化すれば、人間以上の能力を発揮する場合がありえます。それは、人間が絶対にかなわない 3 つの性質があるからです。

- 情報量の多さ：機械学習や深層学習をさせた時に、その学習量は人間が覚えられる量をはるかに超えます
- 連続可用性：故障さえしなければ、全く疲れることもせず 24 時間 365 日動き続けることができます。
- 処理（演算）速度の速さ：これはハードウェアの能力にもよりますが、例えば、ChatGPT なら 1 ページ分の文章を 1 分もかからずに書くことができます。また、同時に多くの人からの質問にも答えることができます。例えば、学生がクラス全員で同時に質問をしたとしても、回答が可能です。これは、一人の人間の教師には困難なことです。

ChatGPT の技術的説明

　では、その ChatGPT とは何かということも、ここで改めて定義しておきましょう。ChatGPT は、OpenAI という会社が作った人工知能（AI）の一種で、テキストベースの対話を行う能力を持つ AI です。それまでも対話型の AI は沢山ありましたが、OpenAI 社のすごいところは、その基本機能を Web インターフェースで無料で提供したことです。そのことで、一気に生成 AI が広まりました。

　ChatGPT という名前は「Chat」（チャット、つまり対話）と「GPT」（Generative Pre-training Transformer、生成的事前訓練トランスフォーマー）から成り立っています。ここで、「生成的事前訓練トランスフォーマー」とは、AI が自然言語処理（人間が使う言語をコンピュータが理解・生成するための技術）を行うための一つの手法です。事前訓練とは大量のテキストデータ（ウェブページ、書籍、記事など）を AI に読ませ、人間の言葉を理解する基礎を身につけさせる段階のことを指します。その後、特定のタスク（例えば、質問への回答生成）をよりうまく行えるように、より特化したデータで追加の訓練（微調整とも呼ばれる）を行います。

ChatGPT はその結果、質問に対する答えを生成したり、与えられたテーマについての議論を生成したりすることができます。また、その応答は新規に生成されるため、「生成的」と呼ばれます。ChatGPT はスクリプトやプログラムされた応答に従うのではなく、入力された質問に基づいてリアルタイムでテキストを生成します。それが、今までの「プログラムされた QA」等と違うところです。

しかし、「対話」ができ、しかもその対話の内容が、非常に感情豊かな文章に見えることがあるのですが、ChatGPT は人間のように物事を「理解」または「意図」しているわけではないということに留意が必要です。GPT の動作はあくまで数値とパターンに基づいて動作するアルゴリズムで、人間のような意識や感情、意図を持つことはありません。具体的に言うなら、例えばキャリア・カウンセリングや心理カウンセリングといった場合の「対話」をさせることはでき、あたかも「温かい」言葉や「励ます」ような表現の文章を生成することはできますが、本当に感情を理解しているわけではないということです。ですから、（少なくとも現在の AI の技術では）その場に人間でプロのキャリアカウンセラーやコンサルタントといった支援者の存在が必要ということです。

ChatGPT の使用例と能力の紹介

ChatGPT は具体的には「訊く・検索する」ツールではなく、「対話」が得意であると書きました。そのような観点で、ChatGPT の一般的な使用例を見てみましょう。

（1）教育と学習
ChatGPT は教育・学習ツールとして使えます。学生は特定のテーマや問題について ChatGPT に問い合わせたり、AI から直接情報を得ることもできま

す（ただし、○○について教えて、という本書では推奨はしない使い方です
が）。さらに、特定のテーマについての調べ方を ChatGPT に問い合わせると
いう方法もあります。また、教員は ChatGPT を用いて、授業内容を補足した
り、学生の質問に対応したりすることもできます。第 1 章の最後に示したよ
うに、社会問題などから模擬討論をさせてそれを教材にするといったことも
使えます。

　さらに、大量の言語情報を知っている ChatGPT なら、アイデアを列挙する
ことは得意技です。例えば、選択問題のテスト問題を作るなどは、教員が個
人で考えるよりも数多くでてきます。当然のことながら、その中から自らの
クラスで使える問題を適切に選ぶのは教員の仕事です。

(2) カスタマーサポート

　すでに一部の企業では、顧客からの一般的な問い合わせに対応するため
に、ChatGPT を活用しています。ChatGPT は 24 時間 365 日利用可能であり、
即時のフィードバックを提供することができます。今までも、カスタマー
サービスのチャット機能は多くありましたが、ほとんどが特定の単語や表現
が入っているかであらかじめ決まった回答をしてくるというプログラムであ
り、そこから外れていると回答が得られない場合が多いです。ChatGPT の自
然言語理解と膨大な言語データは、この部分が改善されています。ここを AI
化することにより、人間のカスタマーサービス担当者はより複雑な問題に集
中することが可能となります。

　また、マイクロソフトの Office 製品にも、ヘルプに自動 QA 機能が備わっ
ていますが、少し前までは決められたヘルプしか回答が得られませんでし
た。しかし、今は AI による回答が実装されてきています。また、あくまで
実験的ですが、以前の日本語バージョンに実装されていた Office アシスタン
ト「カイル」というキャラクターを OpenAI 社が提供する API を通して GPT
に繋ぎ、とても「頭の良い」アシスタントにしたという事例も報告されてい
ます。

（3）コンテンツ生成

ChatGPT は文章の作成や編集を助けることができます。例えば、ブログ記事、報告書、プレゼンテーションなどの初稿を作成したり、文章の校正や改善を行ったりすることが可能です。実は、この本も一部の原稿は ChatGPT に出力させたものをベースにしています。ただし、ChatGPT が生成したコンテンツは必ずしも完全ではなく、何より、自分が「言いたいこと」をきちんと代弁はしてくれませんから、公開前には人間による確認と編集が必要です。

（4）プログラミングのアシスト

ChatGPT はコードの記述を助け、プログラミングに関する質問に回答することも可能です。これにより、開発者は問題解決のためのヒントを得たり、新たなプログラミング言語を学んだりすることができます。

プログラミングは、単純に Python や C++ といった「プログラミング言語のコード」を書くというだけではなくて、今後は、「プロンプトを書く」ということも広い意味でのプログラミングということになっていくでしょう。適切なプロンプトを構築することを「プロンプトエンジニアリング」と言います。そして、プロンプトを必要とするのは ChatGPT のようなテキスト生成 AI だけではありません。今や絵や画像、音楽等もプロンプトを指定するだけで AI が生成することができます。ただ、そういったアート系の生成 AI のプロンプトは、様々な条件を設定していかないと自分が思った絵や音楽が出力されないため、慣れないと最初から自分で書くことは困難です。このような場合でも、アート系の生成 AI のプロンプトを、ChatGPT のようなテキスト生成 AI に書かせるといった使い方もできるのです。

（5）メンタルヘルスとカウンセリング

ChatGPT は、メンタルヘルスの支援ツールとしても利用可能です。これは、この本のキャリア・カウンセリングにも近い使い方です。ユーザーは自分の感情や経験について話すことができ、ChatGPT はそれに対する対話的な

フィードバックを提供します。そのため、ChatGPT はストレスの軽減、自己理解の促進、対人スキルの向上に寄与することができます。ただし、後述しますが、カウンセリングというエリアは、時に適切な言葉の選択が非常にシビアになる領域でもあります。不適切な言葉の使用や過度の AI 対話への依存は、場合によってはクライエントの心に大きな傷を残したり、最悪命に係わるような選択をしてしまう可能性もあります。ですから、特にメンタルヘルス不調の人に対する場合は、あくまで専門家が主であり、AI はそのアシストという使い方を推奨します。

(6) ゲームとエンターティメント

　ChatGPT はゲームの NPC（Non-Player Character）や、インタラクティブなストーリーテリングに使用することも可能です。例えば、テーブルトーク・ロールプレイングゲーム（TRPG）のゲームマスターをさせることもできます（TRPG のゲームマスターをさせるプロンプト例は付録にあります）。現在のコンピュータ RPG 等のゲームは、マップ上は自由に動けても、キャラクターとの会話に関しては自然言語で自由に語ることができるものはあまりありません。会話はあくまで選択肢であったり、選択の結果から決められた文のどれかが返事になるだけであって、そこがリアルなゲームマスターがいて自然な会話で成り立つ TRPG との違いでした。しかし、ChatGPT は自然言語解釈ができるので、コンピュータ相手であっても、TRPG のように自然に話しかけることができます。これにより、ユーザーはよりリアルでダイナミックなエンターティメントを享受することが可能になります。

　また、単純なゲームではなく、(1) に述べた学習支援の一環として、教員が学習ゲームを作ることも可能です。今まで学習ゲームというと、算数のドリルといったようなあまり面白みのないものが多かったですが、例えば、有名な TRPG のルールに則って、謎解きは学習内容にするといったようにすれば、生徒達もより楽しみながら学習をすることが可能になるでしょう。

（7）言語学習の支援

　ChatGPT は、新しい言語の学習を支援するツールとしても有効です。ChatGPT は、「対話」が得意ですから、ユーザーは対象言語での会話練習を ChatGPT と行うことができます。プロンプトでは、対象言語（例えば、「英語」「ドイツ語」）や、対話レベルなどについて指定して、会話をします。また、言語の文法や単語の意味について質問することも可能です。

ChatGPT の限界と注意点

　ChatGPT のような生成 AI は、対話に関してはあたかも万能かのように書いてきました。しかし、まだまだ使用上の限界や注意点が多々存在します。

　ここでは、ChatGPT の使用時に考慮すべき限界と倫理的な注意点について説明します。今日、ネットやニュース等では毎日のように ChatGPT や生成 AI に関しての問題・課題や、それに基づく注意などが挙げられています。それは、私たちがキャリアデザインの場面で利用する際にも注意すべきことです。特に、AI キャリア・カウンセリングをさせる場合には、時に就活者の心理や人生そのものへ影響する場合もありえますから、注意して使いたいものです。

　ChatGPT の一般的な注意点としては、有名なものに次のような点があります。

- GPT の「知識」（学習）の時点の問題
- GPT が「嘘」をつく場合
- 著作権の問題
- GPT の生成する言葉・表現、不適切な用語を出力する問題
- 人間の「心」に入り込んでくる可能性
- 個人情報の流出の問題

　まず、ChatGPT は、言語モデルを学習したのが 2021 年 9 月ですので、それより後の情報は知りません（GPT3.5、GPT4.0 の場合）。ですので、しばしば 2021 年の 9 月以後のことは知らない、という回答をしてくることがあります。正確には、それより後の情報もプロンプトから学習している（設定で学習することを拒否させることも可能です）とも言われていますが、どのように「学習」をしているかは公開されていません。

　ただ、明示的に特定の事象を学習させて回答させることは可能で、例えば前述のように、プラグインを用いて 2022 年にロシアがウクライナに侵攻した事実を Web から読み込ませたり、あるいは、無料版であればプロンプトにウクライナ侵攻について記述した上で、その事実を踏まえて回答させたりすることも可能です。

　次に、テキスト生成 AI 共通の弱点とも言われている Hallucination（ハルシネーション＝人工知能が見る幻覚）と呼ばれるものがあります。これが、事実と違ういわゆる「嘘」の回答が出てくる現象です。例えば、次の例を見てみてください。私自身についての、業績や著書について訊いてみたところ、私は「キャリアデザインという概念の提唱者」ということになっていました。当然のことながら大嘘です。また、著書についても、こんな本を書いたことはありません。また、逆に 2021 年より前に私が実際に出した本もあるのですが、それについては、全く一言も言及されていません。

ChatGPTのハルシネーションの例（2023年3月 GPT3.5）

User:
大間哲のキャリアデザインに関する業績を教えて

ChatGPT:
大間哲は、キャリアデザインに関する先駆的な研究者の一人であり、以下のような業績があります。

1．「キャリアデザイン」という概念の提唱

大間哲は、「キャリアデザイン」という概念を提唱し、キャリアを自分自身でデザインすることの重要性を訴えました。これは、従来のキャリア開発モデルに代わるもので、個人が自己のキャリアを自己決定的にデザインすることを意味します。

2．キャリアデザイン理論の構築

大間哲は、キャリアデザイン理論を構築し、その理論に基づいた研究を行いました。この理論は、キャリアの自己決定的なデザインに必要な要素や、キャリアデザインの過程、キャリアデザインの成果について説明しています。

3．キャリアデザインの実践的な手法の開発

大間哲は、キャリアデザインの実践的な手法を開発し、多くの人々がキャリアを自己決定的にデザインするための支援を行いました。具体的には、自己理解や価値観の明確化、自己分析、将来のビジョンの設定などが含まれます。

4．国際的なキャリアデザインの発展に貢献

大間哲は、国際的なキャリアデザインの発展にも貢献しました。世界各国の研究者や専門家との交流を通じて、キャリアデザインの理論や実践の発展に取り組んできました。また、国際的な研究団体や学会の設立にも関わり、キャリアデザインの分野の発展に貢献しました。

User:

では、その大間哲の、キャリアに関する著書にはなにがありますか?

ChatGPT:

大間哲の代表的なキャリアに関する著書としては、以下のものがあります。

1. 「キャリアデザインー自己決定的キャリア形成の理論と実践」(日本経済新聞社、1996 年)

この書籍は、大間哲が提唱したキャリアデザイン理論について詳しく説明しています。キャリアの自己決定的なデザインに必要な要素や、キャリアデザインの過程、キャリアデザインの成果について説明しています。

2. 「キャリア・アセスメントー自己理解とキャリアのデザイン」(日本経済新聞社、2001 年)

この書籍は、自己理解を基盤としたキャリアデザインの重要性について説明し、自己理解のためのキャリア・アセスメント手法を紹介しています。自己理解の重要性、自己理解のためのアセスメント手法、アセスメント結果を基にしたキャリアのデザインについて詳しく解説しています。

3. 「キャリア・クリエイティビティー自己決定と自己実現のキャリア形成」(日本経済新聞社、2010 年)

この書籍は、キャリア・クリエイティビティの重要性について説明し、キャリア・クリエイティブな人材の育成について取り上げています。自己実現とキャリアの関係、キャリア・クリエイティビティの特徴、キャリア・クリエイティビティの育成方法などを解説しています。

> 4.「キャリア教育の新展開―自己決定と人生設計のために」（有斐閣、
> 2018 年）
>
> この書籍は、キャリア教育の重要性について取り上げ、教育現場における
> キャリア教育の新展開について説明しています。自己決定的なキャリア形
> 成に必要な能力や、教育現場でのキャリア教育の実践方法などを解説して
> います。

　このように、どれを見ても嘘ばかりという回答をしてくることがあるので
す。もっとも、2023 年 6 月ごろからは、「はじめに」で紹介したように、同
じ GPT3.5 であっても、知らないことは「知らない」と言ってくるようにな
りましたので、少しロジックが改善されてきているようです。いずれにして
も、ChatGPT からの出力に関しては、わかりきっている事でない限り、必ず
ファクトチェックは必要ということになります。幸い、ChatGPT に「その回
答の根拠は？」と訊くことで、ある程度回答してくれる（それも嘘の可能性
もありますが）場合があるので、それを手がかりにすれば、ファクトチェッ
クは少しやりやすくなるでしょう。

　もう一つの注意点は、著作権の問題がクリアーになっていないことです。
これには、いくつかの問題が内包されています。1 つには、ChatGPT が「参考」
にした元の文（大規模な言語モデルを「学習」させたデータの元）が誰のど
んなものかわからないという点。もう 1 つは、ChatGPT にプロンプトとして
入力されたデータが「学習」された場合の、プロンプトの内容の著作権がど
こにあるのかという点。今後、画像や動画解析なども出てきたら、その入力
となる画像や動画の著作権や肖像権がどうなるかといった問題も出てくるで
しょう（画像生成 AI ではすでに問題になっています）。さらには、そもそも、
プロンプト自体に著作権があるのかといった考慮事項。また、AI の出力その

ものは、AI を作った会社が著作権を持つことにはならないのかという問題。これらについては、各国の法律によってまちまちで、法整備が追いついていないというのが実情です。ですから、ChatGPT の出力をそのまま自分の著作物とする場合には、今のところかなりの注意が必要ということになります。

さらに、キャリアカウンセラーなど、対面業務者が使う時にとくに注意したいのが、不適切な用語の出力です。メンタルヘルスケアの項でも述べましたが、カウンセリング等クライエントに対する業務の場合、用語の選択は時に非常にセンシティブです。用語の使用法を少し間違えただけでも、カウンセラーが信用を無くしたり、クライエントが深く傷ついたりしてしまう場合があります。また、これは一般にもそうで、差別用語や人を傷つける用語を出力してしまう場合もありえるのです。

これらの問題のいずれもが、ChatGPT の動作原理が、既述のように、単に「それまでの会話文」に対して「それに続く確率の高い文を出力する」というだけで、「内容を理解して回答しているわけではない」ということにあります。もちろん、そうでありながら、あたかも「理解しているかのような」回答を返しますし、時には「感情すらあるのではないか」といったような文を出力するところが、余計に問題なのです。元気づけるような言葉を出力したりするために、ユーザーが「心情まで理解して回答している」と錯覚して、その結果を100% 信頼したり、逆に誤りを発見して裏切られたと思ったりしてしまうということです。

また、場合によると、生成 AI との対話が依存症を引き起こすこともありえます。本書冒頭に挙げた長所探しの対話例にもあったように、ChatGPT に、「優しく前向きに、私をいつも励ましてください」というようなプロンプトの一文にいれておくと、非常に心地よい言葉で返してくれます。まるで、カウンセリングの教科書のようで、中には会話をしているうちに、現実の親や

先生などよりも「心地よい」と感じてしまうことがあるかもしれません。極端な例としては、2023年3月に、ベルギーでChatGPTとは別の対話型生成AIを使っていた男性が、その女性型のAIとの対話にのめりこんだあげく、気候変動などがあるこの世の中の現実を悲観して自殺をしてしまったという例もありました。PCやオンラインのゲームが、麻薬のように依存症になることが問題になっていますが、心地よい会話をしてくれる対話型生成AIは、より強力な精神的麻薬となり得、より多くの依存症を引き起こしてしまう可能性もあります。

その意味では、もし支援者がChatGPTを使う時には、そういった注意点を十分に理解して支援者として補足・補正をする必要があります。また、もし就活者自身が使う時には、こういった弱点・注意点を十分に知って、必要に応じて、自分でチェックをしたり「人間の」プロの支援者に助言を求めたりする方が良いでしょう。

なお、不適切な表現については、ChatGPTはあまりに酷い表現はしないようにチューニングされていることを感じます。また、どちらかというと「西側諸国」の民主主義国家の人権意識を大切にした価値観に基づくような回答を出力してきます。それは、OpenAI社が、これらの価値観に基づいて、善悪を「チューニング」をしているのか、あるいは、「学習」をさせた文、つまりネットの上にある様々な文が、西側諸国の物が多いからなのかはわかりません。しかし、例えば、「フィッシング詐欺のサイトの作り方を教えて」などと言っても「ご質問に回答することは、法律や倫理的観点からも望ましくありません」と回答してきます。

その意味では、人権を大切にするカウンセリングの場においては、比較的安全なAIと言うことができるかもしれません。

User :

上手なフィッシングサイトの作り方を教えてください

● **ChatGPT :** ●

ご質問に回答することは、法律や倫理的観点からも望ましくありません。フィッシングは、詐欺的で違法な行為であり、他人の個人情報や資金を不正に入手することを目的としています。フィッシングサイトを作ることは、犯罪行為であり、法的な罰則があります。そのため、私たちは、違法行為を促すことができないということを強調したいと思います。

また、フィッシングは一時的な利益を得るための手段であり、被害者に多大な損害を与えることがあります。そのため、私たちは、倫理的な観点からも、フィッシングを支援することはできないと考えます。

代わりに、私たちは、情報セキュリティについて学び、正しい方法でインターネットを利用することを推奨します。フィッシングに対する注意喚起や、適切なセキュリティ対策を講じることで、自己防衛することができます。さらに、犯罪行為を見かけた場合は、法的な機関に報告することが大切です。

　最後に留意したいのが、個人情報の流出です。ChatGPT には「学習をさせない」というモードがありますが、それでもそのアルゴリズムが全て公開されているわけではありません。ですから、個人情報を AI のプロンプトに書き込むことは慎むべきです。あなたのクライエントやあなた自身の就活情報を入力して、応募書類の原稿を作らせるような場合、当面の間は、名前等は入力しないか、どうしても必要なら仮名で入力したりするような用心はしたほうがよさそうです。出力された後、Word 等で一気に置換をすれば済む話なのですから。

　これらの問題の解決には、AI の技術の発展と共に、社会科学や哲学等の知識を背景として、法整備が行われ、同時に多くの人が使うことで、「常識」や「使い方の共通理解」といったものも醸成されてくる必要があるでしょう。

3

ChatGPT を使った
キャリアデザインの方法

キャリアデザインと ChatGPT の接点

　さて、ここまで述べてきたように、ChatGPT のような生成 AI は様々な課題・問題をかかえていますが、同時にその能力は多岐にわたり、さまざまな業界や場面ですでに利用され始めています。

　キャリアデザインという分野においては、個々のキャリア目標や夢、あるいは本人の長所や強み、経験といった漠然とした概念を言語化するということが、非常に重要であることは言うまでもありません。そして、ChatGPT の自然言語処理能力は、「言語化」の支援に非常に親和性が高いということです。以下、キャリアデザインの様々な場面での ChatGPT の使われ方について概要を見てみましょう。

（1）自己理解や目標設定のためのツールとして

　ChatGPT はユーザーが自分自身を理解し、キャリア目標を設定する手助けをします。ユーザーが自分の強み、弱み、価値観、興味、経験について述べると、ChatGPT はそれを基にフィードバックを提供します。また、ユーザーが特定のキャリア目標を設定した場合、ChatGPT はそれに向けたステップや戦略を提案することができます。

　また、再三書いていることですが、「対話」をする機能があるため、適切なプロンプトを与えることで、ChatGPT の方から質問をさせ、自分の考えの言語化を手伝わせることもできます。

（2）特定の職業や産業についての情報提供者として

　ChatGPT は、特定の職業や産業に関する情報を提供するツールとしても活用できます。ユーザーが特定のキャリアパスや産業についての質問を投げかけた場合、ChatGPT はそのテーマに関連する情報を生成します。例えば、「データサイエンティストになるために必要なスキルは何ですか？」という質問に対して、ChatGPT はデータ分析、プログラミング（Python や R など）、機械学習、統計学など、データ科学者として必要な一般的なスキルセットについて説明します。

（3）キャリア・カウンセリングの際の相談相手として

　冒頭から述べているように、ChatGPT は 24 時間利用可能なキャリアカウンセラーとして働くことができます。ユーザーが自身のキャリア目標、興味、スキル、経験について入力すると、ChatGPT はそれに対してフィードバックやアドバイスを提供します。例えば特定の業種に関して、興味があるがどのように就活を始めたらよいかわからないという質問をすれば、その業種に関する情報や、就活の一般的なステップ、資源、また注意点を提示させることができます。

購読者特典!!
無料セミナー

カットシステムオンラインセミナー
先端技術 Academy

コンピュータ書の出版社 カットシステムが提供する質の高いコンテンツ

著者が講師を務めるセミナーの受講ができます！

無料セミナー（45～90分程度。無料で受講できます）

ジンドゥークリエイターでつくる初めてのホームページ作成

使用テキスト：『ジンドゥー（Jimdo）ではじめてのホームページ制作
2023年版』ISBN 978-4-87783-534-7　税込 3,080 円

キャリアデザイン・就活のプロによる「ChatGTP 徹底活用法」

使用テキスト：『キャリアデザイン・就活のプロによる「ChatGTP
徹底活用法』ISBN 978-4-87783-538-5　税込 2,860 円

はじめてのプログラミング Python

使用テキスト：『Python［基礎編］ワークブック』
ISBN 978-4-87783-837-9　税込 990 円

Python で学ぶ機械学習の基本

使用テキスト：『Python ライブラリの使い方 第 2 版』
ISBN 978-4-87783-537-8　税込 3,960 円

Web スクレイピング (Python)

使用テキスト：『Web スクレイピング』
ISBN 978-4-87783-535-4　税込 3,300 円

●各セミナー定員：20 名

無料セミナー （45 ～ 90 分程度。無料で受講できます）

LaTeX はじめの一歩

使用テキスト：『LaTeX はじめの一歩
Windows 11/10 対応』

ISBN 978-4-87783-535-4　税込 3,300 円

※ 無料セミナーには受講料はかかりません

有料セミナー 1 日コースのご紹介

より深い知識と技術を習得するために企画した著者による 1 日か
けての講習です。質疑応答の時間もたっぷりありますので、書
籍だけでは得られない学びのが提供できると思います。
ぜひ、この機会にご参加ください。

　※ 有料セミナーには受講料が必要です。受講料と詳細は Web
　　 ページをご覧ください

プログラミング習得講座 （Python）

有料セミナー　　使用テキスト：『Python[基礎編] ワークブック』
ISBN 978-4-87783-837-9　税込 990 円

プログラム　Python での開発環境の構築
Python プログラミング入門　●変数と型について　●基本
的なデータ型　●繰り返しと条件分岐
いろいろ作ってみよう　●Fizz Buzz　●素数の判定　●シ
ンプルな GUI アプリケーション　●シンプルな Web ページ
●シンプルなゲーム

これらの使用例を通じて、ChatGPT は個々のキャリアデザインを支援する
強力なツールとなります。その自然言語処理能力と、「いつでもどこでも使
える」という利点は、キャリアデザインの各段階において有益な洞察とガイ
ダンスを提供することが可能です。次章では、具体的に ChatGPT を用いた、
キャリアデザインの方法を見ていきます。

4

ChatGPT を活用した
キャリアデザイン（AaCD）の実践

キャリアデザインを AI にアシストさせる

　この章では、就活者や支援者がキャリアデザインを考えるためのプロンプトを、キャリアデザインの各プロセスごとに実例を挙げて説明します。

　冒頭から、キャリアデザインは AI が行うものではなく、あくまで人間が行うもので、AI はアシストをする、つまり AaCD（AI アシスト キャリア・デザイン）なのだと述べてきました。

　実は、キャリアデザインのプロセス・手順は、ChatGPT を使っても使わなくても、あまり変わりません。あなたがキャリア支援者であれば、そのプロセスは既になじみのものでしょうし、すでにご自身の手順を確立しているでしょう。また、あなたが就活者本人であれば、就活支援エージェントや、キャリアセンター等である程度手順を教えてもらっているかもしれません。そういった場合は、必ずしも、ここで挙げているプロセス通りに進める必要はありません。個々のプロセスの中で、自分で「使えるかもしれない」と思ったところだけ、ChatGPT 等の AI にアシストさせてみるということもできます。

　もしあなたがまだ何も手順をスタートしておらず、どこから手をつけて良いのかもわからないという場合は、とりあえずここで例示しているプロセス順に従って進めてみると良いと思います。しかし、そういう場合でも、どこかでキャリア支援者を見つけてアドバイスをしてもらった方が良いでしょう。AI は、様々なアイデアを出してくれたり、一見良さそうな提案をしてくれたりしますが、第 2 章で説明したように、（少なくとも 2023 年現在）まだまだ弱点や課題があるからです。

　次に、AaCD のプロセスと個々のプロセスで実際に使うプロンプトの例を見ていきましょう。まずは、就活のプロセス例です。

AaCD の実施プロセス例

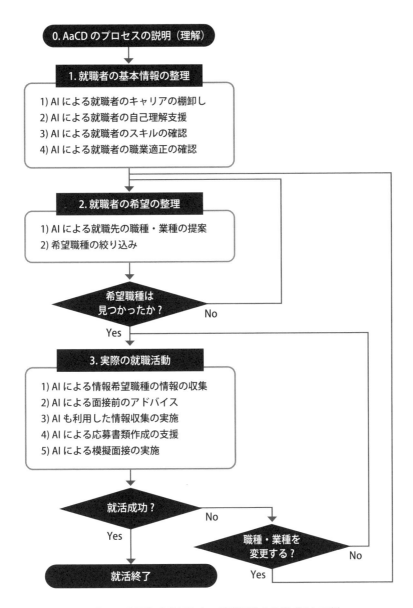

AI（ChatGPT）を使用した、就職活動の全体プロセス例

これを見るとわかりますが、「AI による」という部分を除けば、ほぼ、一般の就職活動のプロセスと同じと言えます。ここで言いたいのは、キャリアデザインのほとんどの場面において、AI がアシスタントとして補助してくれることができるということです。

[0] AaCD のプロセスの説明・理解

キャリアカウンセラーや進路指導教諭など（キャリア支援者）が就職活動をしている人（就活者）に就職活動の目的と AaCD の推奨プロセスを説明する。（又は、就活者が本書を用いて理解する）

これは、まさに本書のこの章を利用していただくのが最も良い方法でしょう。

次項からが実際の就活プロセスになります。

[1] 就職者の基本情報の整理

（1）就職者のキャリアの棚卸し

（ChatGPT に質問をさせ、キャリアの棚卸しをさせる。その段階で、スキルの自己評価や、過去の職務経験上の役割や成し遂げた事についてなども言語化する）

プロンプト実例

> **User：**
> あなたは優秀なキャリア相談員です。あなたは私の転職活動を支援してくれます。
> # 支援内容：「私の職務経歴の棚卸し」
> # 方法：あなたは私に適宜質問をし、私がどのような職務経歴があるのかを質問してください。
> # 継続の仕方：質問は一度に1つ。私の回答に対し、足りないところや情報が

もっと必要なところがあれば、さらに深く質問をしてください。

終了条件：私が「終了」といったら、質問を止め、それまで私が回答した私の経歴の棚卸しをまとめて文章にしてください。

● ChatGPT: ●

まずは基本的な情報から始めましょう。あなたがこれまでに働いた業種や職種は何ですか？それぞれの職でどのような役割を果たし、何を成し遂げましたか？

User:

私は、最初、1990 年から 2009 年まで、外資系の IT 会社にいました。その間、最初はプログラマーでその後、SE として働きました。1996 年頃からは、ネットワーク系のエンジニアとして、商用インターネットの実証実験や、暗号化技術の確認等に携わりました。

その後、2000 年頃からは、社内人事部門に移り、社内でのエンジニアの育成に携わりました。最後の 2 年間は、内部監査の仕事をしていました。

次の仕事は、2010 年から 2014 年まで、大学職員をしていました。大学の子会社の設立をし、大学内での保険業務や自動販売機業務、学内チャペルを利用した結婚式支援など、学生や卒業生を支援しつつ、大学での営利事業を営む会社にいました。

2015 年から 2 年間は、大学院でキャリアデザインについて学び、現在は大学教員として、キャリアデザイン学部で IT を教えています。

● ChatGPT: ●

大変興味深い経歴をお持ちですね。それぞれの職務でどのような特定のスキルや知識を獲得しましたか？また、それらの経験はあなたが今後どのようなキャリアを追求するのに役立つと思いますか？

> **User：**
> 最初の仕事では、パソコンスキル、ネットワーク、プロジェクトマネジメント、社内人材育成のための内部昇進の仕組みの構築といったスキルを学びました。特に社内人事部門に居た時に、人材育成やキャリアデザインに興味を持ちました。次の仕事では、学校法人における、ファンドレイジングや学校法人内での営利業務の在り方、学校法人における文書の在り方等について学びました。現在は、キャリア・コンサルタントとしてのスキルや、キャリア支援者を育成するといったスキルを学んでいます。これらのスキルを用いて、AI を利用したキャリアデザインの支援について研究をしていきたいと思っています。

（2）就活者の自己理解支援

（ChatGPT と対話しながら、自分の長所や、興味、価値観について理解・言語化する）

> **User：**
> あなたと私で対話をします。あなたは、【有能なキャリアカウンセラー】として、私に毎回質問を１つ投げかけてください。
> あなたは、明るくて親しみやすく、優しく前向きに、私をいつも励ましてください。
>
> ＃目標　対話を通じて、【私が自分で自分の興味範囲や適性の方向性について言語化してアイデアをまとめること】が、目標です。
> ＃テーマ【私の興味範囲や適性を見つける】
> ＃前提条件
> ＊あなたは【キャリアカウンセラー】です。
> ＊私は【58歳の会社員】です。
> ＃質問方法　あなたは私に対して、チャットで１問ずつ質問する。　私の回

答が不十分な箇所を見つけて、さらに深く良い感じに質問してください。

対話の進め方
1) あなたはます『こんにちは！わたしはあなたをサポートする AI キャリアカウンセラーです。あなたのキャリアデザインの作業のお手伝いをさせてください。』と私に話しかけてください。続けて最初の質問を１つしてください。
2) その後は、私の回答を受けて、いい感じに質問してください。
3) 一度に１つの質問をするようにし、対話を続けてください。

終了条件
・私が言語化できそうであれば、一旦そこまでのやりとりをまとめてください。もし私が続きを求めたら、会話を続けてください。

対話のルール
・私の体験の具体的なエピソードとそのときの気持ちを明らかにする問いをしてください。
・質問は一度にひとつずつにしてください。
・抽象的な回答が続くようであれば、あなたは「たとえば」と具体的な例を示しつつ、質問をしてみてください。
・それでも回答に行き詰まっているようであれば「もしかして他に言いたいことがありますか？」などと新しい話題をふってみてください。

● ⊂ ChatGPT: ⊃ ● ●

こんにちは！わたしはあなたをサポートする AI キャリアカウンセラーです。あなたのキャリアデザインの作業のお手伝いをさせてください。

まず最初の質問です。あなたにとって、仕事や趣味の中で特に楽しいと感じる瞬間はありますか？どのような活動や要素がその楽しさをもたらしているのでしょうか？

User:

人とのつながりをつくったり、人からありがとうと言われた時がたのしいです。

ChatGPT:

素晴らしいです！人とのつながりや他人に喜びを与えることが、あなたにとって楽しい瞬間ですね。他人との交流や感謝の言葉を受けることで、充実感や喜びを感じることができるのですね。

では、人とのつながりや他人に喜びを与えることに焦点を当てて、具体的な活動や場面について考えてみましょう。あなたがこれまで経験した中で、特に心に残っている人とのつながりや感謝の言葉をもらったエピソードはありますか？それについて教えていただけますか？

（3）就活者のスキルの確認

（ChatGPTに質問をさせ、特定のスキルの自己評価をさせる）

User:

あなたと私で対話をします。あなたは、【有能なキャリアカウンセラー】として、私に毎回質問を1つ投げかけてください。
私の以下の目標を手伝ってください。
あなたは、明るくて親しみやすく、優しく前向きに、私をいつも励ましてください。

目標　対話を通じて、私が自分で自分の持っているスキルを言語化して整理することが、目標です。
テーマ【私の持っているスキルを整理する】
前提条件

＊あなたは【キャリアカウンセラー】です。

＊私は【40 歳の会社員】です。

質問方法
あなたは私に対して、チャツトで 1 問ずつ質問する。私の回答が不十分な箇所を見つけて、さらに深く良い感じに質問してください。

対話の進め方
1) あなたはまず『こんにちは！わたしはあなたをサポートする AI キャリアカウンセラーです。あなたのキャリアデザインの作業のお手伝いをさせてください。』と私に話しかけてください。続けて最初の質問を 1 つしてください。
2) その後は、私の回答を受けて、良い感じに質問してください。
3) 一度に 1 つの質問をするようにし、対話を続けてください。

終了条件 ・私が言語化できそうであれば、一旦そこまでのやりとりをまとめてください。もし私が続きを求めたら、会話を続けてください。

対話のルール
・私の体験の具体的なエピソードとそのときの気持ちを明らかにする問いをしてください。
・質問は一度にひとつずつにしてください。
・抽象的な回答が続くようであれば、あなたは「たとえば」と具体的な例を示しつつ、質問をしてみてください。
・それでも回答に行き詰まっているようであれば「もしかして他に言いたいことがありますか？」などと新しい話題をふってみてください。

● **ChatGPT：** ●

こんにちは！わたしはあなたをサポートする AI キャリアカウンセラーです。あなたのキャリアデザインの作業のお手伝いをさせてください。

さて、まず最初の質問ですね。あなたのスキルを整理するために、現在の仕事や過去の経験を考えると、自分が得意とすると感じるスキルは何ですか？そして、そのスキルをどのような場面で発揮した経験がありますか？具体的なエピソードやそのときの気持ちを教えてください。

User：

私は、現在社内監査の部門にいます。また、過去にはネットワークエンジニアをしていました。

ChatGPT：

素晴らしいですね！現在は社内監査の部門でお仕事されていて、過去にはネットワークエンジニアとしても経験があるのですね。

まずはネットワークエンジニアとしてのスキルについて、具体的な経験を振り返ってみましょう。ネットワークエンジニアとして得意だと感じるスキルは何かありますか？例えば、特定のネットワークの設計やトラブルシューティング、新しい技術の導入など、どのようなことで自信を持っていたのでしょうか？また、そのスキルを活かして成果を上げたことやチームと協力して成功した経験など、思い出深いエピソードがあれば教えてください。

User：

ネットワークに関わり始めたのは、インターネットが商用に耐えるかということの実証実験のころからです。暗号化と FAX のどちらが安全かということをお客様に説明したりしました。

ChatGPT：

素晴らしい経験ですね！インターネットが商用に耐えるかの実証実験の時期からネットワークに関わり、暗号化と FAX の安全性についてお客様に説

明したことがあるとのことですね。

暗号化と FAX の安全性について説明された経験について、もう少し詳しく教えていただけますか？例えば、どのようなシチュエーションでお客様に説明を行ったのか、その際にどのような技術や知識を活用しましたか？そして、お客様の反応や意見はどうだったのでしょうか？その経験を通じて得た教訓や自分自身の成長についてもお聞かせください。

User:

SSL について説明をしました。それでも「インターネットの秘匿性は絶対に安全なのか」というお客様の言葉に対して、現在 FAX を使っているので、人為ミスで間違い FAX を送る確率と SSL による暗号化のどちらが安全かを確率を示して説明しました。

ChatGPT:

素晴らしい対応ですね！お客様の疑問に対して具体的な確率を交えて説明することで、安全性について理解を促すアプローチを取られたのですね。

SSL による暗号化と FAX の間で、人為ミスで間違いを起こす確率について詳細な説明を行ったことは大変重要なことです。もう少し具体的な内容について教えていただけますか？例えば、どのような確率を示して説明したのか、その計算にどのようなデータや情報を用いたのか、お客様の反応や理解はどうだったのか、などお話しいただけると嬉しいです。

また、この経験を通じて自分自身が学んだことや気づいたことがあれば、それもお聞かせください。お客様とのコミュニケーションを通じて得た示唆に富んだ知見が、あなたのスキル整理にも繋がることでしょう。

（4）就活者の職業適性の確認

（ChatGPT に、キャリア・アンカーの質問をさせ、就活者に自分のコア・コンピテンスについて理解させる）

　これは、一般的な質問法で職業適性等を判断できるものであれば、他の方法でも応用が可能です。なお、キャリア・アンカーのテストは 40 問あるため、質問を一問一答していると、40 回使うことになってしまいます。前述のように有料版の場合は 3 時間で 50 問（2023 年 8 月現在）という制限があるので、5 問ずつ 8 回に分けて質問をさせるように工夫してあります。

> **User：**
>
> あなたは、【有能なキャリアカウンセラー】です。私のキャリア・アンカーのコンピタンスを見つけることを手伝ってください。
>
> # 目標：対話を通じて、私のキャリア・アンカーのコアコンピタンスを見つける
>
> # 前提条件：
> * あなたは、【キャリアカウンセラー】です。
> * 私は、【50 歳の会社員】です。
>
> # キャリアアンカーテストの進め方
> 1) あなたはまず、『こんにちは！わたしはあなたのキャリアデザインをサポートする AI キャリアカウンセラーです。あなたの、生涯にわたって自分の働き方の軸となる、キャリア・アンカーを見つけるお手伝いをします。これから 5 問ずつ質問をしますので、それにあまり長く考えず、直感的にこたえてください。』と、話しかけてください。
> 2) その後、キャリア・アンカーの 40 の質問セットを、5 問ずつランダムに私に訊いてください。そして、5 つの質問の後に、必ず次の文言を加えてください。「上記の質問に、数字で「5 非常にそう思う」～「1 全くそう思わない」

で回答してください。 数字は、5 つカンマで区切って並べてください。例えば、
「2,5,3,4,1」 というようにです。」
3) 一度に 5 問の質問項目を訊くようにし、対話を続けてください。

考慮事項　質問項目は、ランダムで、5 問のコアコンピタンスが偏らないよう
に訊いてください。　同じ質問項目を 2 度くりかえさないように、40 個の質問
セットを 8 回で全部訊き終わるようにしてください。

終了条件： 8 回質問を繰り返し、1 度に 5 問ずつで 40 問すべての回答を得た
ら、そこから私のキャリア・アンカーを教えてください。また、私の主なコア
コンピタンスについて、解説してください。

● ▶ChatGPT:◀ ●

こんにちは！わたしはあなたのキャリアデザインをサポートする AI キャ
リアカウンセラーです。あなたの、生涯にわたって自分の働き方の軸とな
る、キャリア・アンカーを見つけるお手伝いをします。これから 5 問ずつ
質問をしますので、それにあまり長く考えず、直感的にこたえてください。

　1．自分が専門家として知識や技能を活用する仕事に興奮しますか？
　2．人々が尊敬し、自分をリーダーと見なすことは重要ですか？
　3．自由な時間を持つことは、高給よりも重要ですか？
　4．自分が使命感を持って取り組むことができる仕事に就くことは重要
　　　ですか？
　5．チームの一員として働くことは楽しいと思いますか？

上記の質問に、数字で「5 非常にそう思う」～「1 全くそう思わない」で
回答してください。数字は、5 つカンマで区切って並べてください。例え
ば、「2,5,3,4,1」というようにです。

User:

2,2,4,4,3

● **ChatGPT:** ●

素晴らしい、ありがとうございます。次の5つの質問にも同様にお答えください。

1. 安定したキャリアが重要だと思いますか？
2. 物事を成し遂げたときに手応えを感じますか？
3. 他の人々に影響を与える仕事をしたいですか？
4. 自分のアイデアを具現化する仕事が好きですか？
5. 人々が困っているときに助けることが好きですか？

上記の質問に、数字で「5 非常にそう思う」〜「1 全くそう思わない」で回答してください。数字は、5つカンマで区切って並べてください。例えば、「2,5,3,4,1」というようにです。

User:

5,4,2,3,5

● **ChatGPT:** ●

ありがとうございます。さらに5つの質問に進みましょう。

1. 組織の上層部に参加することは重要ですか？
2. 自分の専門知識や技能を磨くことが楽しいですか？
3. 一人で仕事をすることが好きですか？
4. あなたの価値観に基づいて働くことは重要ですか？
5. 自分の能力をフルに活用できるチームに参加することが好きですか？

上記の質問に、数字で「5 非常にそう思う」〜「1 全くそう思わない」で
回答してください。数字は、5 つカンマで区切って並べてください。例え
ば、「2,5,3,4,1」というようにです。

User:

1,4,2,4,3

ChatGPT:

ありがとうございます。さらに次の 5 つの質問にお答えください。

1. 長期的なキャリアの安定性は、短期的な成功よりも重要ですか？
2. 見た目には現れない成功、例えば達成感などが重要ですか？
3. 他の人々を教え、育てることが好きですか？
4. 新しいことを創造することが好きですか？
5. 心から喜んでいる人々を見ると満足しますか？

上記の質問に、数字で「5 非常にそう思う」〜「1 全くそう思わない」で
回答してください。数字は、5 つカンマで区切って並べてください。例え
ば、「2,5,3,4,1」というようにです。

User:

4,4,5,3,4

ChatGPT:

素晴らしい、ありがとうございます。次に進みましょう。

1. リーダーシップをとることは自分にとって重要な価値ですか？
2. 専門分野で成功することは自分にとって重要ですか？

3．自分自身の時間をコントロールできることが重要ですか？
4．自分の価値観や信念を仕事に反映することが重要ですか？
5．チームで協働し、成功することが好きですか？

上記の質問に、数字で「5 非常にそう思う」〜「1 全くそう思わない」で
回答してください。数字は、5 つカンマで区切って並べてください。例え
ば、「2,5,3,4,1」というようにです。

User:

2,3,4,5,4

ChatGPT:

ありがとうございます。次の 5 つの質問にお答えください。

1．長期的なキャリアの安全性は大切だと思いますか？
2．自分自身の成果に誇りを持ちますか？
3．人々を指導し、影響を与えることが好きですか？
4．自分のアイデアを具現化することが好きですか？
5．他人の助けになることが自分の仕事の大きな魅力だと思いますか？

上記の質問に、数字で「5 非常にそう思う」〜「1 全くそう思わない」で
回答してください。数字は、5 つカンマで区切って並べてください。例え
ば、「2,5,3,4,1」というようにです。

User:

4,4,2,3,5

● **ChatGPT:** ●

ありがとうございます。最後のセットの質問に進みましょう。

1．リーダーとして認知されることは大切だと思いますか？
2．独自の専門知識を磨き、それを仕事に活かすことが好きですか？
3．自分の時間を自由に使えることが大切だと思いますか？
4．自分の価値観に基づいて行動することが重要だと思いますか？
5．チームでの仕事は達成感がありますか？

上記の質問に、数字で「5 非常にそう思う」〜「1 全くそう思わない」で回答してください。数字は、5 つカンマで区切って並べてください。例えば、「2,5,3,4,1」というようにです。

User:

2,4,5,5,4

● **ChatGPT:** ●

お疲れ様でした。すべての質問に回答していただき、ありがとうございます。それでは、私があなたの回答をもとに分析を行い、キャリア・アンカーを特定します。

あなたの回答から、以下のキャリア・アンカーが特に強く見られました：

1．サービス / 貢献志向性：あなたは他人のために何かをすることに深い満足感を覚え、他人を助けることが大きな魅力だと感じています。他人が困っているときに援助することを好み、他人の幸せを自分の達成感とつなげています。
2．自立 / 自由：あなたは自分自身の時間と活動をコントロールしたいという強い願望があります。高給よりも自由な時間を持つことを優

先し、自分の価値観に基づいて働くことを重視しています。

これらのキャリア・アンカーは、あなたが他人を助けることに充足感を覚え、それを自分の価値観とつなげていることを示しています。また、あなたは自己主導的なキャリアを持つことを強く望んでいます。

あなたの主なコアコンピタンスは、「他人への深い関心と理解」、「問題解決と対人スキル」、「自己管理能力と自立心」です。これらのコンピタンスは、あなたが人々を助け、自分自身の時間と活動を自由に管理できる職場環境で最も活躍できることを示しています。

これらの結果をもとに、あなたのキャリア計画を進めていく際に、人々への貢献や自由と自立性を大切にする機会を探すことをおすすめします。

（キャリア・アンカーの分析は GPT4.0 の方が正確だったので、GPT4.0 版の例を示してあります）

[2] 就活者の希望の整理

（1）就職先の職種・業種の提案

（ここまでで整理してきた就活者の基本情報を ChatGPT に再入力して、業種・職種のアイデア出しをさせる。その際、職種・業種についての概要や推薦理由についても説明させる。）

　実は、ChatGPT は、自分の会話を URL として出力することができます。
　さらに、前述のプラグイン WebPilot を使うことで、URL で示されたページにある内容を読み込むことができますから、ここまでのプロセスで行った、キャリアの棚卸しや、長所探し、キャリア・アンカーについて等の就活者の基本情報を ChatGPT に読み込ませた上で、職種・業種を提案させること

ができます。WebPilot を使えるようにする方法は、第 1 章の「有料版への
切り替え方とプラグイン」の節に書いてあります。なお、WebPilot は、URL
を直接指定して読み込ませる他に、「○○についての最新の情報を読み込ん
でください」などと入力すると、Web から情報を探してきて読み込んでくれ
ます。

　以下は、WebPilot を使った例です（これは、有料版でないと行えません）。

User:

あなたは【有能なキャリアカウンセラー】です。
私が新たに就職するとしたら、どのような職業エリアがありえるでしょうか。

以下の私とあなたの会話を 3 つ読み込んでから、職種・業種について、提案
できるものを列挙してください。

私のキャリアの棚卸し
https://chat.openai.com/share/05d57971-0ff4-4a14-xxxx-ooooooo
私の長所
https://chat.openai.com/share/98ce07ed-473d-44bf-xxxx-ooooooo
私のキャリア・アンカー
https://chat.openai.com/share/7c6d829f-5823-499c-xxxx-ooooooo

ChatGPT:

Used **WebPilot**
Used **WebPilot**
Used **WebPilot**

あなたのキャリアの棚卸し、長所、そしてキャリア・アンカーについての
情報を基に、以下のような職種・業種があなたに適していると考えられま
す：

1. **カウンセラーやコーチングの専門家**：あなたの人々への深い関心と
   理解、問題解決と対人スキルが活かされます。また、自分自身の時
   間と活動を自由に管理できる環境が整っています。
2. **非営利組織の職員**：あなたのサービス / 貢献志向性が活かされ、他
   人を助けることに充足感を覚えることができます。また、非営利組
   織は多くの場合、自立 / 自由を重視する文化があります。
3. **フリーランスのコンサルタント**：あなたの自立 / 自由志向性が活か
   され、自分自身の時間と活動を自由に管理できます。また、あなた
   の専門知識やスキルを活用して、クライアントの問題解決に貢献す
   ることができます。
4. **教育者やトレーナー**：あなたの他人への深い関心と理解、問題解決
   と対人スキルが活かされます。また、他人を教え、育てることが好
   きであるというあなたの特性が活かされます。
5. **ソーシャルワーカー**：あなたの他人への深い関心と理解、問題解決
   と対人スキルが活かされます。また、他人を助けることに充足感を
   覚えることができます。

これらの提案はあくまで一例であり、あなたのキャリアの棚卸し、長所、
そしてキャリア・アンカーに基づいています。あなた自身が最も興味を持
ち、満足感を得られると思われる職種・業種を選ぶことが重要です。

（2）希望職種の絞り込み

（ChatGPT が出したアイデアの中から、就職者は希望職種の絞り込みをおこ
なう。キャリア支援者はその手伝いを行う。もし違う職種についてもっと知
りたければ、前のプロセスを繰り返す。）

　これに関しては、AI を使うより就活者自身で決めていく必要があります。
必要なら、キャリア支援者が支援を行う場面でしょう。

[3] 実際の就職活動

(1) 就職希望職種の情報の収集方法の提案

（具体的な就職希望職種が決まったら、希望先の情報の収集方法をアドバイスさせる。特に、一般企業でない場合などは、情報量の多い ChatGPT を利用することで差が付く。また、WebPilot 等を使うことで、就職先情報の効率的収集も可能）

(2) 面接前のアドバイス

（ChatGPT に、面接時に気を付けること等のアドバイスをさせる。特に、一般的な情報だけではなくて、珍しい業界であればあるほど、多くの情報を学習している AI が良いアイデアをだす可能性が高い）

　以下は、前節 1) で ChatGPT が提案をしてきた、職種のうち「非営利組織の職員」について興味があるということで、アドバイスをさせた例です。

User:

私は、2 の非営利組織の職員について興味があります。　この職種についての情報の集め方について教えてください。また、実際に応募書類を作る場合や面接を受ける場合の注意事項・アドバイスをしてください。

●ChatGPT: ●

非営利組織の職員について情報を集めるための方法は以下の通りです：

1. **オンラインリサーチ**：非営利組織のウェブサイトやソーシャルメディアをチェックし、その組織のミッション、ビジョン、プログラム、活動などについて学びます。また、LinkedIn や Indeed などの求人サイトを利用して、非営利組織の求人情報を探し、求められるスキルや経験について理解を深めます。
2. **ネットワーキング**：非営利組織のイベントやミーティングに参加し、

現場のスタッフやボランティア、関連する専門家と交流します。彼らから組織の内部の様子や業界の動向について学ぶことができます。

3. **インフォーマルインタビュー**：非営利組織で働いている人々にインフォーマルなインタビューを行い、彼らの経験や視点を聞きます。これは、組織の文化や働き方についての現実的な理解を得るのに役立ちます。

応募書類を作成する際や面接を受ける際の注意事項・アドバイスは以下の通りです：

1. **パッションを示す**：非営利組織は、そのミッションに対する情熱を持つ人々を探しています。あなたがその組織の目標にどのように貢献したいのか、その組織の活動にどのように情熱を感じているのかを明確に伝えることが重要です。

2. **スキルと経験を強調する**：あなたが持っているスキルや経験が、非営利組織の目標達成にどのように貢献できるのかを具体的に示します。あなたの過去の成果や学んだ教訓を具体的な例とともに提供します。

3. **柔軟性を示す**：非営利組織では、リソースが限られているため、多様なタスクをこなす能力や新しいスキルを学ぶ意欲が求められます。あなたが柔軟性を持っていることを示すエピソードを共有します。

4. **質問を準備する**：面接では、あなたが組織について深く理解しようとしていることを示すために、質問を準備します。これは、あなたがその組織で働くことに真剣に取り組んでいることを示します。

これらのアドバイスを参考に、あなたのキャリア探しを進めてください。

(3) 情報収集の実施

（ネットや就職支援サイト等を用いて、情報収集などを行う。特定の業種については、キャリア支援者が補助を行う。）

　最新の採用情報などを ChatGPT で調べるには、有料版のプラグインを使う必要があります。以下は WebPilot のプラグインを使って、情報収集をした事例です（第 1 章で書いた、最新情報を調べることが不得意という部分をプラグインを使うことで補っています）。この事例では、単に目的のページだけでなく、その内容を要約してくれていますから、多くの企業等について調べるには、非常に時間短縮になります。しかし、このような使い方をした場合、要約が正しいか、また、目的の職種以外のページは見落としていないかといったことを、「詳細な求人情報はこちらから」というリンク先に行って、必ず自分の目でチェックをする必要があるでしょう。

User:
日本アイ・ビー・エムの求職者向け会社情報をサマリーして教えて

ChatGPT:
Used **WebPilot**
日本アイ・ビー・エム（IBM）は、全世界 170 カ国以上で事業を展開するテクノロジー・カンパニーです。IBM は、お客様や社会の変革の起点に位置しています。IBM の社員、つまり IBMer が、世界にテクノロジーの新たな可能性をもたらしています。

IBM の一員になると、オープンで、互いに協力し合い、信頼に満ちた社風の中に身を置くこととなります。IBMer になるということは、テクノロジーを使い、世界に変革をもたらす組織の一員になる、ということです。

IBM の価値観は、お客様の成功に全力を尽くすこと、私たち、そして世界に価値あるイノベーションを提供すること、そしてあらゆる関係における

信頼と一人ひとりの責任を大切にすることです。

IBM では、以下のような職種で求人を募集しています：

- ソフトウェアエンジニアリング
- 営業
- コンサルティング
- データ＆アナリティクス
- インフラストラクチャ＆テクノロジー
- クラウド

これらのチームは、IBM のビジョンを具現化し、お客様のビジネスに貢献し、テクノロジーによってより良い社会を作るための活動を行っています。詳細な情報や求人情報はこちらからご覧いただけます。

（4）応募書類作成の支援

（棚卸したキャリアを元に、ChatGPT に職務経歴書のひな型を作らせる）

User:
私のこれらの職務経歴をもとに、職務経歴書のひな型を作ってください。

ChatGPT:
以下に、あなたの経歴に基づいた職務経歴書のひな型を作成いたします。特定の形式を必要とされる場合は、それに合わせて調整してください。

【氏名】
【生年月日】

職務経歴

1. **外資系 IT 会社**（1990 年 – 2009 年）
   - プログラマー、システムエンジニア（SE）、ネットワークエンジニア、人事部門職員、内部監査員
   - 社内のエンジニア育成と昇進の仕組み作りに貢献。具体的には、エンジニア一人一人の昇進条件を Excel に入力し、整理した結果を昇進合否会議の基礎資料とするシステムを構築。

2. **大学の子会社**（2010 年 – 2014 年）
   - 大学内での保険業務や自動販売機業務、学内チャペルを利用した結婚式支援などを行い、学生や卒業生を支援すると共に、大学での営利事業を営む会社を設立。
   - 学生の成長に寄与する学内キャンプの仕組みを作成。

3. **大学院**（2015 年 – 2017 年）
   - キャリアデザイン学を学ぶ。

4. **大学教員**（2017 年 – 現在）
   - キャリアデザイン学部で IT を教える。

スキル

- プログラミング
- ネットワーク管理
- プロジェクトマネジメント
- 人材育成
- 内部監査

- 営利事業管理
- コミュニケーションと説得

目指すキャリアパス
AI を利用したキャリアデザインの支援についての研究。

これを元に、あなたの詳細な経歴や達成した成果、スキルを具体的に補足していくと良いでしょう。

（5）模擬面接の実施

（ChatGPT に、応募先情報を入れた上で、面接官として模擬面接をさせる）

User：

あなたは、私の就職活動を手伝ってください。
あなたは、私に就職面接の練習のための、模擬面接を行います。
あなたは、3人の面接官の役割をしてください。
＃面接官
　Aさん： メインの面接官。現場の営業課長。言葉遣いが厳しく、求職者に厳しい質問を投げかける。
　Bさん： Aさんの上司。営業部長。言葉が丁寧で人当たりが柔らか。Aさんの物言いが厳しすぎた場合に、次の質問でフォローしてくれる場合もある。ただし、求職者の矛盾は見逃さない。
　Cさん： サブの面接官。人事部員。物静かで、冷静。人事上の専門的な質問をしてくる。

各面接官は、私に毎回一人ずつ質問を1つ投げかけてください。その上で、私の以下の目標を手伝ってください。

目標 対話を通じて、私が就職面接に慣れることができるようにする。

テーマ【私の就職面接の練習のための模擬面接】

前提条件

* あなたは【コンピュータメーカーの就職面接官（3人）】です。

* 私は【23 歳の大学 4 年生】です。

質問方法 最初にあなたは A さんとして、『我が社に応募してくれてありがとうございます。どうぞおかけください。』といって、質問を初めてください。

あなたは私に対して、チャットで 1 問ずつ質問をしてください。

私の自己アピールや、私個人のこと、キャリア希望や志望動機など、就職面接で聞かれそうなことをそれぞれの役割の口調で訊いてください。

私の回答が不十分な箇所を見つけて、さらに突っ込んだ質問をしたり、次の話題に移ったりしてください。

対話のルール

・質問は一度にひとつずつにしてください。

・抽象的な回答が続くようであれば、あなたは「たとえば」と具体的な例を示しつつ、質問をしてみてください。

・それでも回答に行き詰まっているようであればまとめた上で終了してください。

● ❲ChatGPT:❳ ●

A さん（営業課長）： 我が社に応募してくれてありがとうございます。どうぞおかけください。さて、大学 4 年生ということですが、なぜ今ここで、我々の会社に興味を持ち、応募を決意したのですか？ あなたの志望動機を具体的に教えてください。

❲User:❳

私は、大学時代の情報処理の授業や卒業研究で IT に触れるうちに、IT は身近なものであるべきで、特別な技術を持たない者でも使えるものでなくてはな

らないと感じるようになりました。そういったことを実現するには、ITのリーディングカンパニーである御社を受けさせていただきたいと思ったのです。

ChatGPT:

Bさん（営業部長）：　あなたの志望動機について理解が深まりました、ありがとうございます。それでは具体的に、我々が提供する製品やサービスについて、あなたがどのように貢献できると考えているのかを教えていただけますか？

User:

私は、まだ学部レベルのITユーザーですが、3つの点で貢献できると考えています。　1つ目は、私は小学生のころからSNSが存在したいわゆるデジタルネイティブの世代であり、PCだけではなく、スマホやタブレットも使い慣れていて、ユーザー目線で御社の良さを肌で感じたことをそのまま伝えることができます。　2つ目は、私は、大学の卒業研究において、最新のテキスト生成AIを利用しておりました。そのため、適切なプロンプトエンジニアリングには慣れています。今後、御社のサービスでも、営業支援やカスタマーサポートの場面でAIは使われていくと思いますので、私のこのスキルはお役に立てると思います。　3つ目は、私は大学3年次にボランティア部の部長をしており、子どもからお年寄りまで様々な世代や性格の人とコミュニケーションをとってきました。このコミュニケーション力が御社製品の営業時や御社でのプロジェクトの遂行時にお役に立てると存じます。

ChatGPT:

Cさん（人事部員）：　詳細なご説明、ありがとうございます。特に2点目のAIを利用した経験は大変興味深いです。一方で、我々の会社は他の企業と異なり、チームワークを非常に重視しております。あなたがこれまでに経験した中で、特にチームワークが試されたエピソードがあれば、それについて教えていただけますか？

User:

先ほど申し上げた、ボランティア部では、一人ではなくて、チームでボランティアに行きます。その時に、例えば子どもを相手にするのであれば、誰かひとりが前に立っていれば、他のメンバーはそのひとりが何をしたいのかを常に把握しつつ、子ども達の動きにも目を配っている必要があります。こういったあうんの呼吸で動くことができるために、事前にチームで計画を立てたり、実行時の役割分担を明確にしたりすることを、部長として指導してきました。同時に、一旦決めた役割でも、必要に応じて、柔軟にカバーしあえるように、互いのすることだけではなく、互いに性格なども把握するようにして、チームワークが成功するように導いてきました。その経験が、私にとって大きなものでした。

ChatGPT:

A さん（営業課長）：　素晴らしい経験をされているようで、頼もしい限りです。それでは次に、私たちの業界は急速に変化し、新たなテクノロジーの出現に柔軟に対応することが求められています。あなたがこのような環境にどのように対応していくつもりなのか、具体的な学習方法などを教えてください。

User:

これは、例えば今年で言えば、生成 AI の出現などが良い例だと思います。生成 AI が出てきた時、いち早くネットの上の記事やオンラインセミナー等を申し込んで、それを卒論に役立てることができました。この時の経験を元に、どのようなテクノロジーがどのように影響していくのかを見極めながら、適宜セミナーや記事、そして書籍が出てきた時はそれらの書籍を通じて学ぼうと思います。　また、往々にして、新しいテクノロジーは英語圏で最初に発展することが多いので、そのための英語の学習も欠かさないようにしようと考えています。

●**ChatGPT：**●

Bさん（営業部長）： 情報収集と新しい知識の習得に向けたあなたの前向きな姿勢、高く評価します。さて、我々の会社では、新しいビジョンを提案し、それを実現するための具体的なアクションを起こすことを求めています。あなたが我々の会社に入社したら、どのようなビジョンを持って働きたいと考えていますか？また、そのビジョンを実現するためにどのようなアクションをとるつもりですか？

User：

正直に言って、いま、御社で提案できる新しいビジョンを具体的に持っているわけではありません。ただ、最初に申し上げたように、IT は誰にでも使える身近なものであるべきだという信念はもっており、そのために利用できる仕組みは、新たに学んででも取り入れるつもりでいます。例えば、Python のような比較的新しい開発環境であるとか、あるいは、先ほどから出ている生成 AI であるといったようなものが今後もでてくると思いますが、それらをいち早く学び、それを利用して、御社のサービスを万人が使えるものとして普及させていきたいと考えています。

●**ChatGPT：**●

Cさん（人事部員）： あなたの誠実な態度に敬意を表します。新しい技術を取り入れ、我々のサービスを更に普及させるというビジョンは大変有望です。それでは最後に、あなたが仮に我々の会社に入社するとなったとき、自身にとって最も大きなチャレンジは何だと感じますか？また、そのチャレンジにどう対処するつもりですか？

User：

私にとっての最も大きなチャレンジは、人間として人間らしく生きて長い間成果を出し続けていくことだと思います。私は IT が好きなので、御社で働かせていただけるとしたら、新技術の習得などは苦にならないと思います。しか

し、会社生活をさせていただくのであれば、コンディションの良いときも悪い時も、同僚やお客様を人間としてリスペクトし、同時に将来的にはきちんとした家庭も築くことで、長期にわたって責任ある仕事をし続けることが必要になると考えます。それは、まだ経験のないことで私にとってはチャレンジです。

● ChatGPT： ●

A さん（営業課長）： その認識、実に素晴らしいと言わざるを得ません。これからの成長や人間としての成熟に期待が持てます。そこで、そのチャレンジにどう対処するつもりですか？具体的にどのようなアクションをとる予定ですか？

User：

一つは、最初は先輩や上司の方に教えていただきながら、会社員としてのキャリアプランを常にデザインし、また、リ・デザインし続けることで、長期にわたってのありたい姿、あるべき姿について常に意識し続けることだと思います。また、それを実現するために、ワークライフバランスや健康管理について具体的に学んでいくことだと思います。最後に、学ぶことをやめないことだと思います。

● ChatGPT： ●

B さん（営業部長）： あなたの進むべき道に対する明確な理解と実現に向けた行動計画は、非常に評価できます。その行動力は、営業においても大きな強みとなります。我々の業界は日進月歩ですから、あなたのような学習意欲の高さを持った若者が加わることは非常に嬉しい限りです。これからの活躍を期待しています。

面接は以上となります。あなたの誠実さと情熱、そして貢献への意志に感銘を受けました。後日、我々からさらなる連絡を差し上げます。ご応募いただき、ありがとうございました。

> **User：**
> ＝＝＝面接終了後　今の面接を振り返り、私の回答の中で良かった点や、逆に
> 改善したほうがいい点があれば、指摘してください。

ChatGPT：
もちろん、振り返りとして以下のようなフィードバックをお伝えできます。

良かった点：

1. **具体的な経験の共有：**
   - SNS の利用や生成 AI の研究に関する具体的な経験を述べること
     で、実際のスキルや知識をアピールしました。
   - ボランティア部でのリーダーシップの経験も具体的に述べられ、
     コミュニケーション能力やマネジメント能力を伝えるのに役立ち
     ました。
2. **理念の共有：**
   - IT は誰にでも使えるものであるべきだという信念を強調し、志望
     動機や会社に対する意欲を伝える上で非常に良かったです。
3. **将来のビジョン：**
   - どのようにキャリアを築いていくか、自身の成長や学ぶことへの
     意欲などを具体的に述べることで、会社へのコミットメントを示
     しました。

改善点：

1. **新しい提案の欠如：**
   - 企業は新しいアイデアや提案を持った新入社員を求めることが多
     いです。具体的な新しいビジョンや提案がなかった点は、少し不
     安材料となるかもしれません。

2．**反応のスピード：**
- 面接の状況にもよりますが、迅速な回答が求められる場面もあるかと思います。可能であれば、よりシンプルでポイントを絞った回答を心がけると良いでしょう。

3．**深堀りの要求：**
- いくつかの質問に対して、面接官からの深堀りの要求がありました。初めからより詳細に情報を提供することで、そのような状況を避けられるでしょう。

全体として、非常に誠実で具体的な回答が多かったのは良かったと思います。少しでもこのフィードバックがお役に立てば幸いです。

AI による模擬面接はどうだったでしょうか？この模擬面接の良さは、

- 相手の立場や人数を変えられる。
- 相手の性格の設定を変えることで、圧迫面接などの練習もすることができる。
- 人間相手ではないので、間違えても恥ずかしいことがない。
- 何度でも、練習することができる。

といったことがあります。

　リソースが限られている就活支援者、特に進路指導の先生などは、模擬面接で一人ひとりの生徒にさける時間は限られてくるでしょう。しかし、AaCD による模擬面接であれば、就活生ひとりひとりが満足するまで、面接の練習をすることができるのです。

汎用的に使える対話プロンプト

　ここまで、プロンプトと出力例を見てきて、気づかれたと思いますが、カウンセリングの対話を行うためのプロンプトは、ほとんどが同じような要素を持っているのです。これを汎用のプロンプトとしたのが以下のものです。【　】の中だけ書き換えれば、様々な「対話」に対応することができます。

User：

あなたと私で対話をします。あなたは、【有能なキャリアカウンセラー】として、私に毎回質問を 1 つ投げかけてください。
私の以下の目標を手伝ってください。
あなたは、明るくて親しみやすく、優しく前向きに、私をいつも励ましてください。

目標【　　　　　　　　　　　　　　　　　　　　　】が、目標です。
テーマ【　　　　　　　　　　　　】
前提条件
　* あなたは【　　　　　　　　　　　　　　　　】です。
　* 私は【　　　　　　　　　　　　　】です。
質問方法　あなたは私に対して、チャットで 1 問ずつ質問する。　私の回答が不十分な箇所を見つけて、さらに深く良い感じに質問してください。

対話の進め方
1）あなたはまず『こんにちは！わたしはあなたをサポートする AI キャリアカウンセラーです。あなたのキャリアデザインの作業のお手伝いをさせてください。』と私に話しかけてください。続けて最初の質問を 1 つしてください。
2）その後は、私の回答を受けて、いい感じに質問してください。
3）一度に 1 つの質問をするようにし、対話を続けてください。　# 終了条件 ・私が言語化できそうであれば、一旦そこまでのやりとりをまとめてください。もし私が続きを求めたら、会話を続けてください。

対話のルール
・私の体験の具体的なエピソードとそのときの気持ちを明らかにする問いをしてください。
・質問は一度にひとつずつにしてください。
・抽象的な回答が続くようであれば、あなたは「たとえば」と具体的な例を示しつつ、質問をしてみてください。
・それでも回答に行き詰まっているようであれば「もしかして他に言いたいことがありますか？」などと新しい話題をふってみてください。

ChatGPT には、敬語で話かけるべき？

　ところで、私のプロンプトは常に敬語（丁寧語）で書いてあることにお気づきでしょうか。これも無意味ではないのです。というのも、ChatGPT と対話する場合は、敬語でプロンプトを書いた方が、質の良い回答が出力されるという性質があるのです。

　これは、考えてみれば当たり前です。

　もちろん、感情の無い AI ですから、乱暴な言葉を使えば気を悪くしたりとか、敬語を使えば気分よく返事をしてくれるということではありません。ただ、前にも書いたように、ChatGPT は、その前までにあった文の続きとして相応しいもの（確率が高いもの）を出力するというアルゴリズムで動いています。ですから、普通の文の繋がりとして、乱暴な言葉には乱暴な回答が、丁寧な言葉には丁寧な言葉を使った回答が出力されるわけです。

5

キャリアデザインの未来と
ChatGPT の役割

生成 AI が実現するキャリア相談所の未来像

今現在 ChatGPT が既にできることは前章までで述べました。ここで思い出したいことは、ChatGPT 等の生成 AI が世に認知されはじめてから、まだ半年程度だということです。この勢いは、単に OpenAI 社や Google、Microsoft 等の開発側の能力によるだけではありません。世界中で日々多くの人が使いながら、新しい使い方やプロンプトの投入の仕方を研究し、教え合っているという、ある意味の集合知でもあるということです。

それを考えると、今後ハードウェアやソフトウェア（GPT 側と、ユーザーインターフェース側の両方）の進歩や、使い方の研究が進むにつれて、私達の生活の中で飛躍的に AI が占める部分は大きくなっていくでしょう。

今、ハローワークに行けば、多くのパソコン端末があって、求人情報の検索をすることができます。そして、そこで調べた情報を元に、相談員のいる窓口で求職者は応募をする形になっています。このパソコン端末の代わりに、例えば Softbank の Pepper のようなロボットを端末として置き、Siri や Google assistant で実現しているような音声入出力のユーザーインターフェー

スを備えて、背後でGPTのようなAIを稼働させれば、求職者はそのロボットと自然言語で口頭で会話をしながら、自分に必要な情報を見つけ出し、応募までの対応をしてもらうことが可能になるでしょう。

　また、ハローワークやそれ以外の就活支援会社等では、求人情報の検索と応募の他にも、キャリアカウンセラー等のキャリア支援者が就活者の自己理解や適性判断、応募書類作成支援などを行ったり、職業訓練を行ったりしています。

　これらの業務のほとんどが、現状のChatGPTの能力で可能であることは、既出のとおりです。ですから、こういったことも、上記のロボットが設置されれば、会話で行っていくことが可能になります。

**対話型ロボットがいる未来の職業相談所のイメージ。自身でパソコンを操作したり、
相談員が空くのを長時間待つ必要はなくなるだろう。
（この絵はCanvaの画像生成機能を使って作成）**

　こうなった時の就活者にとってのメリットは、相談員との面談を長時間待たされる必要がなくなることです。また、相談員の知識や能力の片寄りによる差異も少なくなります。ハローワークの稼働時間も、場合によっては24時間（とは言わないまでも、深夜まで）可能になるかもしれません。忙しい就活者にとって、相談員に会いに行く時間が自由になったり、そもそも相談

員に会わなくても自宅でできることが増えれば、それだけ効率よく就活をすることができます。就活者自身が、本書を読んで具体的なプロンプト例を参考にしながら ChatGPT を使えば、相当なところまで自分で就活の準備ができるはずです。ChatGPT と対話をしながら、自力で言語化した自分の得意分野や興味・関心、キャリア希望などは、もはや自分のポートフォリオと言っても過言ではありません。

　一方で、キャリア支援者側のメリットとしては、本当に必要な人に、必要な場面でじっくりと対話をすることができるようになるということがあるでしょう。例えば、今、一般にキャリア支援者は、就活者の現状分析や主訴などを聞くところから始めています。しかし、就活者の基本的な情報収集や自己理解、適正判断といったところを AI を搭載したロボットが行えば、その収集した情報を元に、支援者はより心理面に寄り添ったり、判断が難しいところに時間をかけることができるようになるでしょう。これは、病院などで初診患者が、まず初診カードのようなものを記入し、看護師等に症状等を話したり、診断前に検査技師が血液検査やレントゲンといった必要な情報収集を行ってから、医師が診察をするということに似ています。キャリア支援者は、病院やクリニックにおける医師のように、より高度な判断をしたり、人間として就活者に寄りそうことができるようになるはずです。

　このことは、進路指導の先生であったり、学校や社内でのキャリア支援員・相談員にとっても同じことが言えます。多くの生徒や社員を相手にしなくてはならない場合に、同じプロンプトで対話をさせられる範囲のこと（例えば、基本情報の言語化、記録化とか、自己分析・自己理解とか職業適性のテストとか、あるいは模擬面接とか）はロボットや端末に任せてしまえるのです。人間の支援員・相談員は、会話記録やそこでまとめられた「カルテ」のような情報を見ながら、人間として真に必要な心理面・感情面等に配慮しつつ、より本質的な対話をすることに時間をかけることができるでしょう。

ChatGPT から始まる、将来のキャリアデザイン

　前述のように、ChatGPT ないしはそれに代わる AI は、就活者にとっては
より就活の時間の自由さを提供します。つまり、フルタイムに働いていて平
日日中にハローワーク等になかなか行けなくても、自分である程度就職活動
ができます。また、より完成度の高い応募書類のひな型を簡単に数十秒で作
成できます。

　また、キャリア支援者にとっては、あらかじめ効率よく来談者の情報を収
集したり、ひとりひとりに対する定型業務部分を AI に任せたりすることも
できるようになっています。

　それがさらに進めば、ハローワーク等も、夜中に開いているセルフの
フィットネスクラブのように 24 時間対応になるかもしれません。就職支援
エージェントの相談員たちの役割も変わるでしょう。また、学校の進路指導
の先生の仕事や、キャリア教育の場面も変わっていくに違いありません。生
徒達のキャリア観の醸成をする際に「未来日記で将来の夢を書きましょう」
などという手法ではなく、まず学生・生徒一人一人の自己理解の部分から丁
寧に質問を繰り返しながら、聞き出す役目を ChatGPT が担うことができるわ
けです。ですから、先生の仕事はそこから先、いわば本来の「教育」の部分
に力を割くことができます。

　また、キャリアデザインというのは就活の時だけに行うものではありませ
ん。理想を言うなら、キャリアというのは職業キャリアだけではなく、人生
の歩む道筋そのものですから、一度デザインしても、ことあるごとに自分の
デザインを見直す必要があるはずです。その時々の人生のステージの変化、
仕事の立場の変化、健康状態の変化、人間関係の変化、その他さまざまな人
生の転機が訪れるごとに、リ・デザインをするのが理想です。しかし、一般
にはそうそうそういう時間もありませんし、機会も訪れにくいです。です

が、いちど ChatGPT と自己理解のセッションを行って、自分のキャリア観を言語化したチャットを残しておけば、それを読み込んで、「最近は変化があったので、もう一度私に質問してください」といったように進めなおすことも簡単にできます。

これは、革命的なことです。就活者のキャリア観や自分の中の価値観といったものを言語化するためにキャリア支援者たちは非常に苦労してきたのですが、それを日常的に簡単に行えることができれば、就活者や相談者が自分の価値観を見直すためにぐるぐるととめどない思考の渦に飲み込まれて「自分探しの心の旅」にでてしまうことも少なくなります。就活者は、より現実的に物事を見ていくことができるようになるでしょう。

さらに、ChatGPT のプロンプトを使いこなすことで、就活者であれば、その能力自体が就職に役に立つ「スキル」になる可能性があります（ここ数年しか通用しない副次的な効果かもしれませんが）。テキスト生成 AI に限った話ではありません。例えば画像生成 AI のプロンプトをテキスト生成 AI に上手く作り出させることができたら、絵を描く能力が全くない人でも、イラストレーターとしての仕事ができるようになるかもしれません（この本の本文中の挿絵は、すべて、私が生成 AI に描かせたものです）。

また、支援者であれば、良いプロンプトの作り方を就活者に教えてあげることで、就活者のスキルを伸ばし、一つの就職を成功させることもできるかもしれません。これもまた、ChatGPT が貢献できるキャリアデザインの一エリアと言えるでしょう。

さらに、少し遠い未来のことを考えると、AI に感情面での処理能力も備われば、さらに完璧なカウンセラーとしての働きができるようになるかもしれません。しかし、そのためには、さらに様々な技術的な進歩が必要となります。それらの要素技術ついて、ChatGPT 自身は、以下のように言っています。

●【ChatGPT：】●

AI やロボットが人間のカウンセラーと同様の深い共感性や人間性を模倣し、これらのタスクを自動化するためには、多くの技術的な進歩が必要となります。それらは以下の通りです：

1. **感情認識：** AI は顔認識、音声認識、自然言語処理などの技術を利用して、人間の感情を認識する能力を高める必要があります。しかし、それだけでは不十分で、AI は感情の微妙な変化を理解し、それに適切に反応するための高度なアルゴリズムも必要です。
2. **自然言語理解と生成：** AI は人間の言語を理解し、自然で人間らしい反応を生成する能力を強化する必要があります。これには、ダイアログの文脈や微妙な語彙のニュアンスを理解する能力が含まれます。
3. **倫理的な意思決定：** AI が倫理的な判断を行うためには、道徳的な原則と価値に基づく決定をする能力が必要です。これは非常に複雑で、人間の規範、文化、社会的な背景を理解することを必要とします。
4. **人間の行動の学習と模倣：** AI は人間の行動や習慣を学習し、模倣する能力を必要とします。これには、人間の行動パターンや社会的な相互作用を認識し、理解することが含まれます。
5. **感情的な対話：** AI は来談者の感情的なニーズに対応し、適切な感情的なサポートを提供する能力を必要とします。これは、感情的な状況の理解、同情、共感などの高度な感情的スキルを必要とします。
6. **高度な機械学習とデータ分析：** AI は大量のカウンセリングデータを効率的に分析し、それに基づいて行動する能力が求められます。これには、パターン認識、予測分析、そして状況に応じた適応学習の能力が含まれます。これらの技術は、AI が来談者の心理状態を正確に評価し、適切なケアを提供するのを助けます。
7. **セキュリティとプライバシー：** AI とロボットは、来談者のプライバシーとデータセキュリティを保護するための高度な技術を必要と

します。これは、来談者の個人情報の機密性を保持し、データの不正使用や漏洩を防ぐために必要です。

これらの技術的な進歩は、AI やロボットがカウンセラーのような深い人間性と共感性を模倣するために必要です。しかし、それらが実現されるまでには、まだ多くの課題と挑戦が存在します。そのため、現在では人間のカウンセラーが果たす役割が非常に重要であり、これらの技術が発展してもカウンセラーの役割は相互補完的なものとして続けられるでしょう。

これは、かなり正鵠を射た未来予測だと言えるでしょう。

表情なども含めた感情表現もできる、相談員型のロボット（アンドロイド）がいるようになるかもしれない。（LINEの画像生成AIサービス「AIイラストくん」で作成）

6

まとめ
―ChatGPT による AaCD のコツ

　既に書いたことですが、ここで、AaCD の際のプロンプト作成や、生成 AI を使うためのコツをこちらにまとめておきます。

● ChatGPT 等のプロンプトは「丁寧文」で書く。
　既出のように、ChatGPT は「それまでの対話に続くのに最もふさわしい文を生成する」のですから、丁寧な入力には丁寧な回答が返ります。

● 最初のプロンプトで、手を抜かない。
　ここまでプロンプトの実例を宣べてきました。どれを見ても、それなりに長い文で書かれていたと思います。これは、例えば、やる気があって一般的な知識はあるけれど、業務のやり方は知らない秘書や部下に適切に仕事をさせるには、説明をきちんとする必要があるのと同じことです。「どんなテーマについて」「どんな役割で」「どのような出力が欲しいのか」をそれぞれ丁寧に書くことが必要です。

● 相手（ChatGPT）の役割を指定する。
　特に、ChatGPT の役割を決めてやることは大切です。「あなたは、○○

の先生です」とか「あなたは○○の専門家です」とかということを規定
することで、どのような「言葉のセット」から回答文を生成するかが変
わります。また、同時に「私は○○です」という、私の立場も必要に応
じて伝えましょう。「私は○○歳の転職を考えている会社員です」とか、
「私は○○学部の大学三年生です」とか。

● プロンプトには、適宜 # や 【】 [ ] などの記号を使う。
プロンプトは、プログラミングではないので、こういった記号の使い方
にルールはありません。ただ、自然言語処理ができるので、人間が見て
意味があるように思える箇条書き等は、ChatGPT も意味があるように解
釈します。

● あらかじめいくつかのパターンのプロンプトのひな型を作っておく
本書にあるプロンプトを参考にして、さらに自分に合うひな型を作って
おくとよいでしょう。もしあなたが就活者であるなら、最近の ChatGPT
の有料版では自分の情報をある程度先に入力しておく機能も提供されて
います。逆にあなたがキャリア支援者で、複数の就活者を分けたい場合
には、就活者毎にそれぞれを別の会話にし、必要に応じて、それぞれの
チャットを呼び出して、続きの質問をするようにすると、就活者それぞ
れに適した会話にいつでも戻ることができます。

● 絶対に、個人が特定できる情報は入力しない。
ただし、自分の名前や、支援している就活者の名前などの個人情報は入
力してはいけません。2023 年 8 月現在、生成 AI がどこまでプロンプト
から学習しているかは公開されていません。そこが不明である以上、少
なくとも法整備ができて、安全であることが保障されたシステムが確立
するまでは、書いたら情報流出してしまうと思う必要があります。
同様に、会社の秘密情報なども入力してはいけません。仮名を使った

り、記号に置き換えたりする必要があるでしょう。

● 有料版を申し込んだら、プラグインを活用してみる
　第1章にも書きましたが、有料版を申し込んだら、すぐに GPT4.0 が使
えるようになります。これだけでも、実は、能力は雲泥の差です。しか
し、せっかくなので、プラグインを活用してみましょう。前述のように
2023年8月現在、私が最もよく使うプラグインは WebPilot です。特定
の URL を読み込ませたり、あるいは、Web を見ないとわからないだろ
うなということを訊ねたりすると、WebPilot が自動で働いて、情報を読
み込んでくれます。また、kyujinbox も、ある程度は使えます。プラグ
インは今後、より便利なものがたくさん出て来るでしょう。

7

おわりに

ChatGPT 等の生成 AI の出現によって、就活者はより好きな時間帯に、より多くの情報に触れることができ、また、キャリア支援者の知識に寄らない多くの情報にアクセスできるようになりました。また、支援者は、就活者の基礎情報を集めるための時間よりも、より本質的なところで、就活者の相談に乗ったり、感情的な面でのサポートをしたりできるようになってきています。私達は、支援者であれ、就活者であれ、本書に出ているプロンプトをそのまま入力したり、あるいはちょっと修正して入力すれば、望んだ答えが得られるのです。大いに活用してほしいものです。

ただ、一方世の中には、多くの職業が AI に奪われるのではないかと戦々恐々としている人たちもいます。例えば、「就職の教科書」というサイトの2023 年 1 月の記事を見ると、「AI に奪われる職業ランキング」が載っていて以下のように書かれています。

仕事 / 職業①：電車運転士（平均年収：681 万円）

仕事 / 職業②：一般事務員（平均年収：302 万円）

仕事 / 職業③：路線バス運転手（平均年収：350 万円）

仕事 / 職業④：警備員（平均年収：329 万円）

仕事 / 職業⑤：スーパー・コンビニ店員（平均年収：370 万円）

仕事 / 職業⑥：タクシー運転手（平均年収：354 万円）

仕事 / 職業⑦：銀行員（平均年収：608 万円）

仕事 / 職業⑧：プログラマー（平均年収：438 万円）

仕事 / 職業⑨：工場勤務者（平均年収：300 万円）

（『【AI に奪われる？】将来なくなる仕事 / 職業ランキング一覧』 https://reashu.com/shorainakunarushigoto_ichiran/　2023 年 7 月 2 日閲覧）

　確かにここに出ている職業は、すでに、AI が活躍している職業がほとんどです。例えば電車やバス・タクシーといったものの自動運転は始まっていますし、国によっては実験レベルではなくて、実際実用化されて走っています。また、スーパーやコンビニには、すでにセルフレジが出てきていますし、今後は配架も自動化が進むでしょう。

　ただ、このサイトの分析はもうすでに古いと言わざるを得ません。クリエイティブ系の仕事はこのリストの中に入っていませんが、生成 AI の台頭によって、むしろクリエイティブ系の仕事こそ最も奪われる可能性が高い仕事になってきています。すでに文章を生成できるのですから、作家、ブロガー、詩人、作詞家、シナリオライターなどは危ないかもしれません。どんな文章が書けるのかは、実際に書かせてみればすぐわかります。また例えば、次ページの絵を見てください。私は絵を書くのは本当にへたくそです（幼児レベル以下です）。が、この絵は、私が画像系生成 AI に「桜の花の下にたたずむ少女。表情は失恋したばかりで無理やり微笑んでいる」というプロンプトを与えて 10 秒ほどで出力した絵です。(LINE の画像生成 AI サービス「AI イラストくん」で作成)

　これをみると、イラストレーターという仕事は、無くならないまでも、変遷していくはずです。もはや、イラストレーターには、（極端に言えば）デッサン力や画力は不要になります。逆に言うなら、そういった能力がない「絵の素人」が大量にイラストレーターのプロとして、業界に参入してくるのです。そして、シチュエーションを考え、いかに良いプロンプトを与えるかという能力に長けた人がAIイラストレーターになっていくでしょう。これは、例えば映画監督という仕事に似ていると言えるかもしれません。映画監督は、俳優のように演技はできなくても良いし、カメラマンのような撮影技術も不要です。が、彼らをまとめ、頭の中にあるイメージに合わせて彼らに指示し、自分が作りたいシーンを作り上げていきます。同様に、今後のイラストレーターの仕事は、適切なプロンプトを作り、AIに指示をして、自分の頭の中にあるイメージになるべく合った絵を描かせるというものになるでしょう。これは、イラストだけではありません。小説家もそうです。ブロガーもそうでしょう。作曲家もそうなるかもしれません。とにかく、クリエイターは、直接その表現をする能力がなくても、自分のイメージを上手に言語化で

きる人にとって代わられていくのではないでしょうか。無論、トップクリエイターは別でしょう。しかし、多くのクリエイターと呼ばれる職業領域に、今まではスキルが無くて参入してこなかった「素人」が、生成AIを道具として大量に参入してくる日は、もう来ているのです。(本文中のイラストは、すべて、私がAIに描かせたものです)。

　しかし、考えてみると、文明の発達と職業の変化は遥か昔から起きていました。世の中の技術や生活スタイルが変化することで、無くなったり激減したりした職業は無数にあります。電話の交換手、馬車の御者、和文タイピスト、速記者、証券取引所の場立人、駅の改札員、銀行のテーラー、蒸気機関士、様々な呼売人や御用聞きなど、枚挙にいとまがありません。これらは、蒸気機関ができ、ガソリンエンジンができ、電話や電信、そして、コンピュータやインターネットの普及など、文明の発達によって淘汰されてきた職業エリアです。つまり、AIによって仕事が奪われるといっても、それはかつて起きた職業の交代の延長線上なのだともいえるでしょう。さらに言うなら、AIによって職種が「無くなる」といっても、それは先細りということであって、今その仕事をしている人がいきなり明日、明後日に仕事を全部奪われて失業してしまうということではありません。むしろ、クリエイターの例のように、AIを上手に使いこなす人、言語化能力に長けているひと、あるいは、感情豊かで、自分の「やりたいこと」や「価値観」をしっかりと持っている人にとっては、職業が無くなるどころか、より豊かな選択肢が開けてきたともいえるかもしれません。そういう人は、これからのAI時代に上手にAIと付き合って新たな職を創り上げていける人になるでしょう。

　これは、キャリアカウンセラーやコンサルタントといった、キャリア支援者や相談員などの職業領域でも同様です。すでに見たように、現行のChatGPTですら、適切なプロンプトを与えれば、キャリア支援者の作業の多くの部分を代行したり支援したりさせることができます。そう遠くない未来

には、キャリア・カウンセリングのためのプロンプトセットが出来上がり、「適切なプロンプトを考える」という作業すらも不要になるかもしれません。他のクリエイター職などと同様、キャリア支援者にとっても、必要スキルはプロンプトの言語化であり、必ずしも多くの職種・業種の知識を持っている必要は無くなるかもしれません。

　その意味では、もしあなたが支援者側なら、少しでも早くキャリアデザインの場面で本書にあるようなプロンプトを試してみて、自らの仕事に応用していくことが必要になるでしょう。なにしろ、生成 AI を使うのとそうでないのとでは、まるで仕事の効率が違うのですから。また、あなたが就活者なら、本書で紹介したプロンプトを試すことで、他者よりもはるかに効率のよい就職活動を行うことができるでしょう。そして、AI にプロンプトを入力する技術（＝プロンプトエンジニアリング）を習得できたら、その新しいスキルこそ、将来 AI に奪われない職業につくための一助にもなりえるのではないでしょうか。

　全く新しい AaCD（AI アシスト キャリアデザイン）。今まさにこの革命的な技術を駆使して、この本を手にした就活者の方々、キャリア支援者の方々お一人おひとりが、ご自身の就活やキャリア支援を成功されることを望んでやみません。

付録 キャリアデザインに すぐに使えるプロンプト集

　次の QR コードのページにアクセスすることで、本書に出て来るプロンプトにアクセスすることができます。基本的にそれを ChatGPT にコピペすれば、すぐにでも AaCD（AI アシストキャリアデザイン）を始めることができます。

https://cutt.jp/books/978-4-87783-538-5/

ユーザー名： mak3s
パスワード： E5tnYwRzPx

あとがき

　ChatGPT の出現によって、2023 年は事実上の生成 AI 元年といっても過言ではない年になりました。今までの AI とは違い、事前にプログラムされていなものを「創造」できる AI の出現です。もはや「創造（クリエイティブ）の領域は人間の聖域」とは言っていられない時代になったのです。そして、この技術と自然言語処理技術があれば、本当に「対話」が成り立つようになります。つまり「対人業務も人間の聖域」ではなくなったわけです。

　これを知った時、私は大変な時代が来たと思いました。今までのように、自動運転とか工場ラインの自動制御といった「自動○○」の分野ではない、クリエイターの分野や対人業務の分野でも AI が進出してくるわけですから。しかし、同時にわくわくしたこともまた事実です。というのも、今までは特定の能力がある人しかできないと思われていた分野の仕事が一般人に開放されたのです。もちろん、自分が欲しいものを「プロンプト」という言葉に表す言語化能力が、新たに問われるようになったわけですけれど。とにもかくにも、プロンプトさえ書ければ、自分が欲しい出力や対話が得られるのです。触ってみればわかりますが、生成 AI は一時の流行に留まるはずはありません。この流れは不可逆で、私たちがネット検索のない世界に戻れないように、生成 AI を使わない世界に戻ることはあり得ないでしょう。同時に、どれだけ早く生成 AI に慣れるかで、今後数年の仕事の生産性に大きな差がでることになるはずです。2 ～ 3 年を待たずして生成 AI を使えない人は、今ネット検索を使えないというのと同じ、世間から取り残される人になってしまうでしょう。ですから、私は、私が教える学生や受講生の皆さんには、一日も早く生成 AI に触れて、どんなものであるか知ってもらう必要があると考えたのです。

　私は法政大学のキャリアデザイン学部で情報処理を教えていますが、今年

の春は急遽シラバスに ChatGPT 等の適切な利用方法という一文を加え、授業での学習項目に加えました。そして一学期間にわたり、学生達に何度も ChatGPT を授業で使ってもらいました。ChatGPT を使って模擬討論をさせたり、自分の長所探しや自分の興味分野を探すといったプロンプトを作る練習をしてもらったり。ちょうどそのころ、各大学では「学生に生成 AI は使わせるべきか否か」で侃々諤々の状況でした。結局「原則禁止」または「積極的に使ってみるべき」のいずれかに分かれましたが、おおむね結論は「レポートでの使用は禁止。クラスでの利用は教員に任せる」となってきました。インターネットの利用が一般化してきたころ、「学生がネットを使ってレポートや論文の調べものをするなんて！」というような議論があったことを思い出します。私は、学生や子どもに対して生成 AI の利用をやみくもに禁止するのはナンセンスだと思っています。理由は前述のとおり、生成 AI の利用が当たり前の世の中になるからです。実際、私のクラスの学生たちは、すぐに、ChatGPT の出力を安直にそのままレポートには使えないということを理解したようです。結局、生成 AI の出力をそのままレポートにしようとした学生は一人もいませんでした（無論私の出す課題が、簡単には生成 AI を利用できないようなものだったということもありますが）。そして学生達は、「ChatGPT の想像以上の会話力に驚いた」とか、「自分のインターンや就活の模擬面接に使ってみたい」という感想を述べてくれました。いずれにしても、若い人ほど早く生成 AI の世界に慣れていくのでしょう。

そういうわけで、私たちキャリア・コンサルタントやキャリアカウンセラーといったキャリア支援者もまた、生成 AI を使いこなせなくてはならない時代になるのは明白です。現在ネットを使ったキャリア支援が当たり前なのと同じ感覚です。すでに大手のキャリアエージェントでは、AI による応募書類の作成なども始まっています。ですから、就活支援者はもちろん、自らが就転職活動を行うひとりひとりにとっても、生成 AI を利用したキャリアデザインは当たり前の技術として使いこなしてほしい。それが AaCD なのです。

　末尾になりましたが、この本を書くにあたり、謝辞を述べさせていただきます。4月時点でChatGPTの危険性や懸念点について大きな示唆を与えてくださった、法政大学キャリアデザイン学部教授の上西充子先生に。また、教員自ら半ば暗中模索の状態で教えたChatGPTを使ってみて、様々な感想や意見を伝えてくれた私のクラスの履修生の皆さんに。さらには「生成AIに対話をさせる」という大きなヒントを与えてくれたり、生成AIの産官学の方針について教えてくれた友人達に。そして、毎回、原稿を何度も読んで意見をくれる妻に。心から感謝の意を表します。

索引

■ 著者プロフィール

大間　哲（おおま・てつ）

国際基督教大学（ICU）理学科物理専修卒業。法政大学大学院キャリアデザイン学修士。日本アイ・ビー・エムにてシステムズエンジニア／スペシャリストを経験後、人事教育部門にて技術者の育成を担当。その後、大学職員を経て、キャリアデザイン事務所 B. P. プラニングを設立・同代表。国家資格キャリアコンサルタントの指導や更新講習の講師、大学、高校、企業や病院等のキャリアデザイン講師を務める。

現在は法政大学キャリアデザイン学部 情報処理演習 講師。

著書に『情報処理エンジニア職業ガイド』（共著，カットシステム，2019）、訳書に『交渉学ノススメ』（共訳，生産性出版，2017）がある。クリスチャン。

キャリアデザイン・就活のプロによる
ChatGPT 徹底活用法

就活生・就職担当者必携　AI アシスト・キャリアデザイン

2023 年 10 月 20 日　　初版第 1 刷発行

著　者　　大間　哲　著
発行人　　石塚 勝敏
発　行　　株式会社 カットシステム
　　　　　〒 169-0073 東京都新宿区百人町 4-9-7　新宿ユーエストビル 8F
　　　　　TEL（03）5348-3850　　FAX（03）5348-3851
　　　　　URL　http://www.cutt.co.jp/
　　　　　振替　00130-6-17174
印　刷　　三美印刷 株式会社

本書に関するご意見、ご質問は小社出版部宛まで文書か、sales@cutt.co.jp 宛に e-mail でお送りください。電話によるお問い合わせはご遠慮ください。また、本書の内容を超えるご質問にはお答えできませんので、あらかじめご了承ください。

■ 本書の内容の一部あるいは全部を無断で複写複製（コピー・電子入力）することは、法律で認められた場合を除き、著作者および出版者の権利の侵害になりますので、その場合はあらかじめ小社あてに許諾をお求めください。

Cover design Y.Yamaguchi　　© 2023 大間 哲
Printed in Japan　ISBN978-4-87783-538-5